무슨 애엄마가 이렇습니다

무슨 애엄마가 이렇습니다

초판 1쇄 발행 2018년 3월 5일

지은이	윤은숙
펴낸곳	도서출판 이와우
주소	경기도 파주시 운정역길 99-18, 2층
전화	031-945-9616
이메일	editorwoo@hotmail.com
홈페이지	www.ewawoo.com
인쇄·제본	(주)현문

출판등록   2013년 7월 8일 제2013-000115호

※ 정가는 뒤표지에 있습니다.

※ 이 책은 저작권법에 의하여 보호를 받는 저작물이므로 무단전재와 복제를 금합니다.

※ 잘못된 책은 구입하신 서점에서 교환해 드립니다.

ISBN 978-89-98933-28-9

무슨
애엄마가
이렇습니다

일과 육아 사이 흔들리며
성장한 10년의 기록

윤은숙 에세이

이완우

프롤로그 – 한없이 투명에 가까운 육아   6

1부. 엄마와의 조우

|1| 2008년 5월, 궤도이탈   15
|2| 비너스 로봇을 꿈꾸다   24
|3| 그 살들은 모두 내 외로움이었나 보지   31
|4| 성난 얼굴로 돌아보라   40
|5| 엄마가 된 뒤 다시 만난 엄마   48

2부. 일하는 엄마, 호모죄인쿠스

|1| 내가 보게 될 영화는 무슨 영화일까   59
|2| 남들도 나처럼 사나?   68
|3| 시험에 들지 말게 하옵시며   78
|4| 저도 참관수업 참 좋아하는데요   85
|5| 졸린 자여, 졸음이 될지어다   92
|6| 노르웨이 고등어   101
외전. 일하는 아빠와 머리핀   111

3부. 길 없는 길을 걸으며

|1| 삐죄이   121
|2| 순풍에 돛단배도 외롭다네   131
|3| 아이의 '관심법'   140

| 4 | 내 아이의 모든 것   149
| 5 | 자식이라는 '수수께끼'   156
| 6 | 잊을 수 없는 두 개의 시간   164

4부. 너와 함께한 시간 속에서

| 1 | 토끼야 토끼야 어딜 가니   175
| 2 | 문어 소시지와 나   182
| 3 | 엄마의 김치   191
| 4 | 우리 아기 엉덩이로 기타를 치자 징징징징   200
| 5 | 되돌릴 수 없는 시간   210
| 6 | 내 엄마의 시소   215
| 7 | 주는 사랑은 '넘사벽'이었네   223

5부. 사람 귀한 나라의 애 엄마

| 1 | 임신에 대한 무례   233
| 2 | 무슨 애 엄마가? 이렇다!   239
| 3 | 말로만 가화만사성   248
| 4 | 나에겐 너무 비싼 '사회적 쓸모'   257
| 5 | 경단스텔라 S/T/A/Y   265

외전. 마추픽추로 창을 내겠소   272

에필로그 – 애나 키우라는 말이 사라지는 세상   281

프롤로그

한없이 투명에 가까운 육아

'우리 애가 하버드에 들어간 것도 아닌데, 내가 육아 책을 써도 될까?'

처음 워킹맘과 관련된 책을 써달라는 요청을 받았을 때 내 머릿속에 들었던 생각이다. 정말 준비가 안 된 상태에서 엄마가 되었고, 뭣도 모르면서 아이를 키워온 평범한 내가 자격이 있을까 하는 의구심이 들었다(솔직히 말하자면 아이를 하버드도 못 보낸 엄마가 쓴 책은 아무도 안 사볼까 봐 무서웠다).

그러다가 책 쓰기를 권유하신 편집자분의 말 한마디가 나를 다시 생각하게 만들었다. 그것은 바로 '공감과 위로'였다. 아이 키우는 것이 전쟁으로 비유되는 시대에, 나와 같은 고민과 좌절을 겪는 엄마들이 공감하고 위로받을 수 있는 책을 함께 만들고 싶다는 말씀이었다.

'그런 책이 나오면 좋겠지만, 그걸 제가 쓰지는 못하겠……'다는 말이 목구멍에서 보글거렸다. 그러나 《한겨레》 신문의 육아 웹사이트에 실린 내 육아 연재를 재밌게 보셨다는 편집자분의 말에 마음이 급하게 흔들렸다(사소한 칭찬에도 자진모리장단에 맞춰 상모돌리기를 하는 내 약점을 그분이 간파한 것이 틀림없다).

그리고 한편으로는 '어쩌면……'이라는 생각이 들었다. 그저 비루하게, 힘겹게, 평범하게 아이를 키워온 내 모습을 그대로 나누는 것이 의미가 있지 않을까, 라는 생각이 불쑥 하고 올라왔다. 수능 날 EBS 정답 방송을 보고 지옥으로 떨어졌다가 다음날 모두가 함께 망했다는 사실을 알고 한없이 즐거웠던 경험처럼. 힘든 길 위에서 만나는 못난 동지는 언제나 큰 위로가 되는 법이지 않던가.

또 하나의 이유도 있었다. 우리 사회에서 '한없이 투명에 가까운 육아'에 대해 한마디 보태고 싶기도 했다. 솔직히 말하자면 세상 돌아가는 일에 관심이 많아 언론계

일을 택한 나였지만, 아이를 낳기 전까지 내가 육아에 대해 아는 것은 거의 없었다.

정말 부끄럽지만, 아이를 낳기 전에 나는 아이를 키우는 일은 각자가 당연히 알아서 맡아 눈치껏 야무지게 해내야 하는 일 정도로만 생각하고 있었다. 결혼과 출산 전까지 육아와 살림 등은 우리 엄마를 포함한 다른 아주머니들에게만 관련된 일이지, 나와 관련된 일은 아니었다. 정치, 경제, 사회 등 우리 사회에서 이야기하는 소위 '큰일', 혹은 겉으로 보기에 그럴싸한 일들에만 나는 관심을 가졌다. 그래야 '폼'이 나는 것 같았고, 내가 뭔가 중요한 사람이 된 것처럼 느껴졌다.

물론 이게 내 잘못만은 아니다(나는 그저 한 마리 순하디 순한 사회순응자였을 뿐이다). 우리 사회는 육아에 놀랍도록 무심하다. 최근 들어서는 그나마 일하는 엄마와 사회의 충돌과 모순에 대해 조금씩 이야기가 나오고 있기는 하다. 그러나 그런 논의들도 종종 여성과 남성의 격렬한 전쟁으로 비화되어 나노 밀리미터 단위의 콩가루 결론에 이르기 일쑤다. 여기에 그저 '요새 여자들이 아이를 안 낳으니 어쩌나? 우리 경제 미래 망했네' 정도의 발 동동이

주기적으로 가세할 뿐이다.

한 명의 사람이 태어나서 자라는 길고도 거대한 서사의 과정은 그냥 간단하게 '생략'이다. 출산율, 고령화, 잠재성장률 따위의 비정한 숫자만 난무할 뿐이다.

그래서 나는 내 이야기라도 보태고 싶다는 생각이 들었다. 무슨 일이든 많은 사람이 많은 이야기를 할수록, 목소리를 높여 떠들수록 중요한 일이 되지 않던가.

책을 쓰기 시작하면서 주변의 이들에게 나의 작업을 알렸다. 놀랍게도 내가 쓰는 글에 대해 궁금해하는 이들이 많았다(알리기 전에는 '안물안궁'일 줄 알고 소심해져 있었다). 특히 나와 비슷한 길을 걷고 있는 여성들의 기대가 컸다. 그리고 그들과 나누는 이야기 속에서 반복된 하나의 질문이 나의 심장을 꽉 쥐었다. '나, 잘하고 있는 걸까?'

일과 육아라는 매일 새로운 길 위에서, 언제나 자신에게 묻는 그들. 한껏 열심히 살고 있으면서도 여전히, 근심 어린 얼굴로 '나, 잘하고 있는 걸까?'라고 묻는 그 사람들의 어여쁜 얼굴을 보면서 나는 책을 쓸 이유를 또 하나 얻었다.

앞서 말했듯이 나에게는 아이를 키우는 특별한 비법

이 있는 것도 아니고, 탁월한 식견이 있는 것도 아니다. 그러나 적어도 나는 이 땅의 수많은 평범한 엄마들과 비슷한 길을 걷고 있다. 그게 내가 가진 유일하고도 특별한 자격이라고 생각한다. 그리고 나는 내 경험을 통해 동지들에게 말해주고 싶다. 너무 가혹하게 우리를 평가하지 말자고, 잘하려고 노력하는 우리는 이미 최선을 다하고 있는 거라고.

물론 이처럼 착하고 (내가 생각해도) 갸륵한 생각으로 책을 시작했지만, 글을 쓰면서 백만 번 넘게 후회했다. 자기 전에 세수하는 것마저 힘겨워하는 내 주제에 무슨 책이냐는 후회 속에 앉아서 밤늦게 키보드를 동당거렸다(그러다가 뭐 좀 찾아볼 것이 있다는 핑계로 인터넷에 접속해 유튜브의 개미지옥으로 빠지는 날들도 있었다고 사실대로 고백한다). 그 수많은 의지박약의 나날들을 지나서, 그나마 이렇게라도 완성본을 내게 된 뒤에는 고마운 사람들에게 빚이 쌓일 수밖에 없다. 밤에 책을 쓰는 아내를 위해 가끔 커피를 타주며 훌륭한 조력자가 되어주었던 남편(그 따뜻한 조력의 배경이 내 책이 베스트셀러가 되어 살림에 보탬이 되었으면 하는 헛된 꿈이었다고 나는 생각하지 않으리), 그리고 자신들의 거친 본능을 억

제하며 '엄마는 책을 써야 하니까'라며 착하게 굴어준 나의 천사들에게 고마운 마음을 전한다.

그리고 내 엄마. 믿기지 않는 양의 사랑을 퍼부으며 여섯 명의 딸을 키워낸 엄마, 그리고 지금 이 순간에도 자신에게 찾아온 엄마라는 이름에 최선을 다하는 세상의 모든 동지에게 이 책을 바치고 싶다.

2018년 2월

윤은숙

엄마와의 조우

2008년 5월,
궤도이탈

"어제 이야기는 아무 의미가 없어요. 왜냐하면 지금의 난 어제의 내가 아니거든요."

:: 루이스 캐럴, 『이상한 나라의 앨리스』

한가로운 초원이다. 말은 꼼짝도 하지 않고 서 있다. 대략 30년은 동물 다큐멘터리를 맡아 오신 것 같은 성우분의 친근한 목소리가 깔린다.

"어미 말이 새끼를 낳고 있습니다. 힘들어 보이는군요."

어미 말의 콧구멍이 매우 팽창했다. 뜨거운 김이 뿜어져 나오는 것 같은 느낌마저 들었다. 그러더니 커다란 자루 같은 것이 어미 말의 엉덩이에서 떨어져 나왔다. 새끼가 태반과 함께 나온 것이다. 자루를 혼자 힘으로 찢고 나온 새끼는 얼마 지나지 않아 비틀거리며 걷기 시작했다. 어미 말은 유유히 새끼 말 쪽으로 걸어갔다.

2008년 어느 여름날 저녁이었던 것 같다. 몇 시간 간격으로 아이에게 젖을 먹이느라 거의 풀어헤친 커다란 민소매 남방에, 100명 정도는 함께 줄넘기를 할 수 있을 만큼 늘어진 다크서클을 갖고 있던 나. 그런 나는 넋을 놓고 동물 다큐멘터리를 봤다.

내 눈은 줄곧 새끼 말을 좇고 있었다. 태어난 지 몇 분 만에 걷다니, 그리고 또 몇 시간 만에 저렇게 엄마에게서 떨어져 뛰어다니다니. 그 순간 내가 세상에서 가장 부러워한 것은 바로 그 어미 말이었다.

만물의 영장이라더니, 이게 뭔가. 태어난 지 한 달도 두 달도 훨씬 넘었는데, 걷기는커녕 기지도 못하잖아. 적어도 1년이 지나야 걷는 존재라니. 갑자기 굼벵이 같은 인간의 성장 속도에 대한 분노로 나의 가슴은 활활 불타올랐다.

바로 그때였다. 소방차 사이렌처럼 나의 귀를 찢으며

울리는 아이의 울음소리. 으애앵 으애앵. 내 마음속에서 타오르던 불꽃은 별수 없다는 걸 아는 듯 푸시식 사그라들고 말았다. 나는 다시 젖소로 변신해 젖을 물리러 침실로 들어갔다. 그러나 시시때때로 거북걸음과 같은 인간의 성장 속도는 나를 분노케 했다. 그렇게 1년 가까이 내 마음은 너울대는 이 불꽃으로 힘들었던 것 같다.

2008년, 나는 처음으로 엄마가 되었다. 그리고 정말 깜짝 놀랐다. 세상에서 가장 잘 안다고 생각했던 '엄마'라는 말이 세상에서 가장 낯선 말로 변신해 거침없이 나를 뒤흔들었다.

나는 아이를 낳으면 자동으로 모성이 분수처럼 내 마음에서 뿜어져 나오는 줄 알았다(바보였다). 어린 시절부터 '엄마는 위대한 존재', '여자는 약하지만 엄마는 강하다', '모성만큼 강력한 것은 없다' 등등의 표어들로 엄마라는 존재를 배웠다. 그리고 우리 엄마의 희생과 노력은 자연스러운 모성의 산물이라고 생각했다(역시 바보였다).

그리고 아이를 낳은 날. 나의 느낌적인 느낌은 나에게 말을 하고 있었다. '넌 무언가 크게 착각을 하고 있다!'

처음 만난 나의 아이는 (감동의 도가니탕으로 나를 몰아넣을 것이라는) 생각과는 다르게 낯선 작은 인간이었다. 생각해 보면 그날이 바로 우리 둘이 처음 만난 날이었다. 광고나 드라마에서 보던 감격의 상봉은 없었다. 나는 9개월여를 내 안에 있었던 아이를 만났다는 사실보다 지상에 강림한 지옥 불 같았던 출산의 고통이 끝났다는 사실에 더욱 감격했던 것 같다.

아이를 낳았다고 해서 내가 갑자기 변하는 건 아니었다. 엄마라는 이름을 달았지만, 나는 여전히 나였다. 그렇지만 나를 제외한 모든 것은 완전히 변했다.

응애 응애 응애. 텔레비전 드라마에서 들리던 갓난아기의 울음소리가 온종일 나를 따라다녔다. 새벽 2시, 3시, 나는 시시때때로 일어나 아이가 원하는 시간에 젖을 물려야 했다. 그뿐인가? 아이는 혼자 잠들지 못했다. 나는 잠이 오면 투정 부리는 아이를 잡고 얼러야 했다. 한 시간 동안 멍멍개와 *꼬꼬닭*을 번갈아 소환하며 아이를 재웠다. 그러나 평화의 시간은 30분 남짓, 아이는 곧바로 깨어났다(나의 첫아이는 상위 2퍼센트의 예민 아기였다. 생후 백일까지의 그 시간을 떠올리면 지금도 복받친다. 하늘이시여……). 심지어 아이는 놀아야 한다. 상대가 필요하다. 그 상대도 나다. 기면

기는 대로 앉으면 앉는 대로 걸으면 걷는 대로 나의 신경은 온통 아이에게 쏠렸다.

그렇다고 집안일이 마법처럼 사라지는 것은 아니었다. 빨래, 설거지, 청소 등은 고스란히 나에게 내려앉았다. 남편 카드는 당시 나에게 없었다(아니, 내가 꺼내지 않았다고 하는 편이 맞을까). 나는 육아휴직을 하고 '쉬고' 있으니 자연스럽게 모든 집안일은 내가 맡아야 된다고 생각했다(이래서 사람은 배워야 한다). 나 역시 육아와 집안일을 무시하고 얕잡아 보고 있었던 것이다. 무식하면 손발이 고생한다고 했던 말은 역시 세상에서 가장 옳은 말이었다.

남편은 직장에서 돌아오면 피곤하다고 잠을 자러 들어갔다. 낮과 밤 모두 나는 아이와 둘이 남겨졌다. 젖을 물리고 나서 빨래를 하고, 옷을 개고, 저녁을 먹고 남은 설거지를 했다. 하루하루는 손가락 사이의 모래였다.

밤 11시에 남은 설거지를 하던 어느 날, 나는 문득 깨달았다. 아이에게 젖을 먹였던 순간들을 제외하고는 나는 한 번도 앉아서 쉰 적이 없었다는 것을. 가슴 속에서 무언가가 울컥하면서 올라왔다.

그렇게 시작된 엄마로서의 생활이 몇 개월 지나며

나는 깨닫기 시작했다. 나의 인생은 이미 오래전에 궤도를 이탈했다는 것을. 나를 위해, 내 이름을 위해, 내 꿈을 위해 돌던 궤도는 우주 속에서 흔적도 없이 사라졌다. 나는 이제 크기도 속도도 다른 '엄마'라는 이름의 궤도에 내려앉아 정신없이 돌고 있었다. 하루하루가 정신이 없었다. 지금 어디쯤을 돌고 있는지 뒤돌아볼 여유도 없었다. 그리고 무엇보다도 궤도의 중심에 있는 것은 내가 아니었다.

그것을 깨달은 순간, 여름 장마처럼 눅눅한 우울감이 나를 파고들었다. 요즘도 가끔 뉴스에서 산후우울증 때문에 엄마가 아이를 해치는 뉴스를 접하면 나는 그때의 내가 생각나 가슴이 아리다. 인터넷 댓글에서는 수많은 사람이 아이 엄마에게 '미친X'이라는 욕을 퍼붓지만, 나는 지금도 마냥 그 엄마를 욕할 수가 없다.

고백하자면 그해 여름에 나도 몹쓸 생각을 한 적이 있다. 열어놓은 베란다 문 사이로 매미들의 맹렬한 울음소리가 나의 귀를 때리던 그런 날이었다. 후텁지근한 바람을 맞으며 문득 생각했다.

'내가 저리로 뛰어내리면 이 힘겨운 시간은 끝나겠지?

아니면 내가 이 아이를 던지면 이 시간은 끝날까?'

나는 하루에도 몇 번씩 여러 생각을 했다가 지웠다. 태어나면 바로 걷는 말의 어미가 되고 싶었고, 아니면 차라리 알을 낳고 죽어버린다는 어미 물고기의 신세가 되고 싶다고 생각했다.

나뿐만이 아니다. 흔히 산후우울증으로 불리는 증상에 시달리며 고통을 겪은 엄마들의 이야기는 충격적일 정도로 흔하다. 꼬물거리는 아이가 미워서 젖을 물리기조차 싫었다는 엄마도 있었으며, 어떤 엄마는 자신이 아이를 던질까 무서워 아파트 계단 난간 쪽은 가지도 않았다고 말하기도 했다. 그리고 다른 한 엄마는 마트에서 아이를 잃어버렸던 순간 안도하는 자신의 모습에, 아이를 찾은 뒤에도 미칠 듯한 죄책감에 시달렸다고 고백했다.

엄마가 된다는 것은 정말 거대한 일이다. 한 사람의 인생의 궤도를 바꿀 만큼. 그런데 나는 어째서 이 일의 중요성, 혹은 위력에 대해 전혀 모른 채 30년을 살았을까. 심지어 나의 엄마도, 수많은 언니도, 엄마의 무게에 대해서 제대로 이야기를 해주지 않았을까. 엄마가 된 이후 나는 매일매일 이것이 궁금했다(언젠가 아이 셋을 둔 큰언니가 다음 생에는 수도자가 되고 싶다고 했을 때 눈치를 챘어야 하는 건가).

집에서도, 학교에서도, 텔레비전에서도, 엄마가 되는 것은 그저 자연스러운 일이었다. 행복한 일이었다. 기쁘게 받아들여야 하는 일이었다. 그리고 엄마는 하나의 사람이기보다는 숭고한 '존재'였다. 엄마의 뒷면에서 한 사람이 고스란히 감당해야 하는 고강도의 육체적·정신적 노동은 교묘하게 숨겨져 있었다.

나 역시 엄마가 된 뒤에야 비로소 이 모든 것들을 발견할 수 있었다. 유년 시절 가족사진 속 내 엄마의 피로한 얼굴을. 엄마가 되고서야 어린 시절 나름 효심 깊은 마음으로 부르며 울컥했던 〈어머님 은혜〉라는 곡이 새롭게 들렸다. 특히 '손발이 다 닳도록 고생하시네'라는 부분을 들을 때면 내 손발도 곧 다 닳게 될 것 같은 두려움마저 와락 솟았다.

나는 올해 엄마가 된 지 만 10년이 되었다. 이제는 조금 엄마라는 궤도에 익숙해졌다(물론 여전히 가끔은 광폭하게 궤도를 돌 때도 있다). 전에 없던 행복감을 느끼기도 했다. 그러나 처음 엄마가 되면서 느꼈던 벼락과 같은 충격과 상처는 아직도 기억 속 깊은 곳에 남아 있다. 나는 그 시간을 돌아볼 때마다 아쉬움이 남는다.

만약에 내가, 아니, 우리 모두가 아이 키우는 일의 소중한 가치와 무게에 대해 배우면서 자랐으면 어땠을까. 집에서 애나 키우라는 말을 쉽게 내뱉을 수 없는 사회에서 자랐다면 어땠을까. 엄마와 아빠는 아이에 대한 책임을 더불어 져야 한다고 가르치는 학교에 다녔다면 어땠을까. 아이를 낳기 전에는 필수적으로 부모가 되는 준비 교육을 받아야 하는 사회에서 살았다면 어땠을까.

그리고 엄마는 손발이 다 닳을 정도로 희생하는 숭고한 존재가 아니라, 평범한 사람이라는 사실이 상식인 세상에 살았다면 어땠을까. 그랬다면 정말 어땠을까?

비너스 로봇을
꿈꾸다

"뇌가 있다고 많이 아는 건 아니잖아? 경험을 통해서만 무엇인가 배울 수 있단다."

:: 프랭크 바움, 『오즈의 마법사』

"지금 내 꿈은 비너스 로봇이 되는 거야."

친구는 피식하고 웃었다. 그렇지만 그녀의 둥그런 눈동자에는 동정심이 한가득 담겨 있었다. 왜 안 그럴까. 첫 아이를 낳고 젖먹이의 엄마가 된 친구를 축하해주기 위해 왔더니 애니메이션 〈마징가 Z〉에 등장하는 여자 로봇을 부러워하고 있다. 그것도 젖가슴이 발사된다는 이유 하나로.

아이를 낳기 전 나의 꿈은 '완모(수유 기간 내내 모유만 먹이는 것)'였다. 텔레비전에서도 책에서도 병원에서도 모유가 최고라고 말했다. 아이의 면역력, 두뇌 발달, 성격 형성 등 모든 곳에 좋은 꿈의 양식이었다. 무슨 짓을 해서라도 모유를 먹여야 한다는 사실이 나의 뇌리에 깊이 박혔다. 심지어 그 옛날 옛적 개그 프로그램에 등장했던 출산드라도 '모유 수유, 자연 분만'을 외치고 다니지 않았던가. 이런 주변의 교육 탓이었을까? 나는 어느새 모유 근본주의자가 되어 있었다. 어떠한 고난이 닥치더라도 나는 아이에게 모유만을 먹이겠다고 다짐했다.

그러나 병원에서 아이를 만난 지 얼마 되지 않아 나의 믿음은 이미 시험에 들었다. 젖을 먹이기 위해 아기를 안는 것부터 난관이었다.

"이렇게요?"

"아니요. 팔을 조금 더 내리시고……."

"이렇게요?"

"아니, 아이를 그렇게 안으시면 안 되고요……."

환한 해님 같은 얼굴로 수유 자세를 알려주시던 간호사 선생님의 표정은 점점 인내심을 잃어가고 있었다. 조바심으로 손에 땀이 났다. 텔레비전에서 봤던 아기들은 엄마 품에 자석처럼 철썩 달라붙던데. 내 아이는 자꾸 잘못 맞물린 톱니바퀴처럼 품 안에서 헛돌기만 했다.

그뿐인가. 내 아이는 슈퍼 울보였다. 물론 신생아들은 원래 많이 운다. 그런데 우리 아들은 정말 많이 울었다. 오죽하면 신생아들의 사진 촬영 서비스를 해주시는 사진사 아저씨께서 "아기가 너무 울어서 결국 우는 사진 밖에 못 찍었다"며 미안해하실 정도였다.

병원에 있는 내내 젖을 물렸지만, 아들의 울음은 줄지 않았다. 영혼은 몇 시간이 지나지 않아 탈곡기 속에서 탈탈 털렸다.

아이 여섯을 키우고 손자와 손녀를 여덟이나 둔 육아의 베테랑인 친정엄마도 병실을 서성거리기 시작했다. 엄마는 아무래도 내 젖이 물젖에다 잘 나오지도 않는 것 같다며 혼잣말을 내뱉었다. 6·25 때 난리는 난리도 아닌 듯 느껴졌던 1박 2일. 나는 당장에라도 피난을 떠나고 싶었다.

아이를 낳기 전에 읽었던 책들은 내게 말했었다. 아이를 낳은 직후에 바로 젖이 나오는 것이 아니라, 출산을 한 뒤 2일에서 3일 정도 시간이 걸린다고. 그래서 보통의 아이들은 엄마 몸에서 모유가 제대로 돌 때까지 배고픔을 어느 정도 참을 수 있다고.

그러나 나의 아이와 나의 젖은 달랐다. 아이는 걱정이 될 정도로 계속 울었고 나의 젖은 시간이 지나도 아이의 조그마한 배를 채울 정도도 흐르지 않았다. 내 머릿속엔 온통 젖 생각뿐이었다. '완전 모유를 하지 않는 엄마는 있어도 할 수 없는 엄마는 없다고 하던데. 물젖이니 참젖이니 하는 옛날 어른(특히 우리 엄마)의 말은 모두 거짓말이라던데.'

나는 잠이 부족한 가운데서도 틈틈이 방구석에 쪼그리고 앉아 인터넷에서 '완모' 성공담이 담긴 육아 카페의 글을 모조리 읽었다(그때의 내 모습을 다시 떠올려 보면 조금 으스스한 느낌까지 든다).

그런지 며칠 되었을까. 친정엄마의 분유 밀반입 사건이 터졌다. 며칠을 제대로 자지도 못하고 울던 손주와 제대로 잠도 안 자며 젖과 관련된 글을 찾는다고 컴퓨터를 끼고 앉은 딸을 보다 못한 엄마가 나 몰래 아이에게 분유를 먹인 것이다. 배를 채운 아이는 기절하듯 잠들었다.

"네 고집 때문에 애 성질 버리지 마라."

내 눈길을 피하면서 엄마는 잠든 아들의 볼록한 배를 괜히 여러 번 쓰다듬었다. 안 그래도 적은 모유 때문에 스트레스를 받던 나는 그야말로 거대한 활화산으로 변했다. 엄마에게 핏대를 세우며 대들었다. 그동안의 수고가 모두 물거품이 되었다며 나는 정말 거품을 물었다(그날은 입에 게거품을 문다는 표현을 몸소 체험한 날이었다).

이처럼 게거품을 물었음에도 불구하고 모유 전쟁은 나의 패배로 끝났다. 병원에서 처방받았던 약도, 마사지도, 돼지 다리도 모두 다 소용없었다.

결국 나는 혼합 수유의 길을 걸었다. 그러나 아이에게 분유를 먹인다는 죄책감은 쉽게 사라지지 않았다. 조금이라도 더 모유를 먹이려 했다. 시계를 앞에 놓고 아이가 모유 먹는 시간을 쟀으며, 몇 분이라도 더 먹인 날에는 눈물 날 듯 기뻤고, 몇 분이라도 덜 먹인 날에는 눈물 날 듯 슬펐다. 그렇게 깨어 있는 시간의 절반을 인간 젖소로 지내던 그 시절. 나는 그렇게 어린 시절에 봤던 〈마징가 Z〉 속 비너스 로봇의 시원한 가슴 발사를 부러워하며 시들시들하게 지냈다.

지금 돌아보면 그 시간이 나는 참으로 아깝다. 이제는 다시 오지 않을 내 아이와의 첫 1개월, 2개월, 3개월……. 기다림 끝에 만난 아이와 서로를 알아가는 소중한 시간이었는데, 나는 아이와의 교감보다는 모유 먹이기라는 '과제'에 몰두했었다. 그때 나는 너무나 엄격한 육아 책이나 기사들에 상처를 입으며 안절부절못했다.

일부 의사들은 모유 수유의 성공률이 높지 않은 최대의 이유로 산모의 '의지 부족'을 손쉽게 꼽았다. 그래서 제대로 완전 모유를 하지 못한 나는 졸지에 의지가 박약한 사람이 되었다. 죄책감에 시달릴 수밖에 없었다.

그러나 생각해 보면 엄마로 성장하는 첫 단계를 죄책감으로 시작하는 것은 너무 슬픈 일이다. 그 시기는 아이를 관찰하고, 아이를 알아가고, 엄마가 된 나를 관찰하고, 엄마가 된 나를 알아가기에도 시간이 모자라지 않던가.

얼마 전에는 지인 한 명도 모유 수유가 제대로 안 되어 우울하다며 내게 고민을 털어놓았다. 나는 그에게 망설임 없이 말했다.

"난 불행한 엄마가 모유를 주는 것보다 행복한 엄마가 분유를 주는 것이 아이에게 더 낫다고 생각해."

다시는 올 수 없는, 평생을 나와 함께할 내 아이와의 허니문을 남들의 이야기에 휘둘려 아깝게 흘려보낸다는 것은 정말이지 너무 슬픈 일이다.

그 살들은
모두 내
외로움이었나
보지

"네가 있는 곳에서 다른 사람들이 오기를 기다릴 수만은 없어. 때론 네가 그들에게 가야 해."

:: 〈**곰돌이 푸**〉

    정확하게 3.68킬로그램이 빠져 있었다. 삑. 나는 디지털 체중계의 리셋 버튼을 다시 누르고 올라섰다. 이럴 수는 없는 일이었다. 다섯 번이나 리셋 버튼을 다시 눌렀다. 깜빡깜빡 체중계에 표시되는 숫자는 똑같았다.

    출산 뒤 처음 잰 나의 체중은 출산 전과 비교해 정확히 3.68킬로그램만 빠져 있었다. 아들의 출생 시 몸무게인 3.68킬로그램(어떻게 소수점 뒷자리까지 이렇게 정확히 아이의 몸무게만 빠졌는지 지금 생각해도 미스터리다).

아니 그럼, 양수는? 태반은? 그 커다랗던 뱃속에 우리 아들만 덩그러니 들어 있었을 리는 없지 않나. 그건 의학적 관점으로도 말이 안 되는 것 아닌가. 아니, 의사 양반, 3.68밖에 안 빠지다니 이럴 수는 없지 않소. 의사 양반!!

나는 그야말로 벼락을 맞은 듯 충격에 휩싸였다. 결국 아이를 여섯이나 낳아본 친정엄마를 채근하며 이게 어떻게 된 일이냐며 울부짖었다. 그러나 임신했을 때를 포함해 여든 평생을 날씬한 몸으로 살아온 엄마는 나의 사자후에 별다른 반응을 보이지 않은 채 가슴에 더욱 불을 지르는 한 마디만 남겼다.

"그 배가 다 살이었던가 보지."

아…… 내 엄마지만 얄미웠다. 한평생 마른 몸이 무엇인지 모르고 살아왔던 나와는 달리, 엄마는 평생을 마른 몸으로 살아온 사람이었다. 세상에 맛있는 게 너무 많아 고민인 나를 단 한 번도 진심으로 이해해 본 적이 없는 그런 사람이었다(글을 쓰는 지금 이 순간에도 뒷골이 다소 당긴다).

앞서 말했듯이 임신 전에도 날씬한 것은 아니었지만, 임신했을 때 정말로 살이 많이 쪘다. 아이를 가졌을 때

먹고 싶은 걸 못 먹으면 못생긴 아이가 나온다는 말이 거짓인 줄 진작 알았다. 그러나 모르는 척했다. 고기가 없어진 베트남 쌀국수를 대용량으로 섭취하고 삼겹살을 국수처럼 흡입하며 살았다. 결국 몸이 20킬로그램 가까이 불었다(얼마 전 앨범을 뒤적이다 출산 뒤 병실에 누워 있던 내 모습이 찍힌 사진을 발견하고는 앨범을 창고 속 가장 깊숙한 곳으로 유배 보냈다).

한 가닥 희망을 걸었던 것은 모유 수유였다. 아이를 낳고 돌아온 여배우들이 몸매를 되찾은 비결로 꼽았던 모유 수유(물론 내가 '완모'에 목숨을 걸었던 것은 순전히 아이 건강을 위한 것이었지, 다이어트에 대한 욕심은 없었다고 한다).

그러나 고등학교 다닐 때 대학에 가면 저절로 살이 빠진다는 말이 나에게는 해당 사항이 없었듯, 이 말도 나에게는 해당 사항이 없었다. 모유 수유고 뭐고 안 빠졌다. 젖이 잘 나오게 하려고 먹었던 각종 보양 식품들은 나의 허벅지와 배에 눈처럼 차곡차곡 쌓이다가 마침내는 대설주의보를 울리고야 말았다.

죽을 만큼 피곤했지만, 절대 살은 빠지지 않는 신비로운 나날들이 계속되었다. 아이 돌보기를 비롯해 계속되는 집안일로 나는 내 인생 최대의 육체노동을 하며 살고 있었다. 그러나 체중에는 별다른 변화가 없었다.

원인은 스트레스였던 것 같다. 나는 나이가 마흔이 다 되어서야 내가 스트레스를 먹는 거로 푸는 성향이 있다는 걸 알아차렸다. 그전에 나는 내가 독서와 영화관람(그리고 종종 맥주 섭취) 등 풍요로운 문화 생활로 스트레스를 푼다고 생각했다. 그러나 아니었다. 돌이켜 보니 힘들었던 시기의 크기만큼 나의 식욕도 넘실댔다.

정말 하고 싶지 않았지만, 솔직히 고백하자면, 임신 막달과 고등학교 3학년 때 내 몸무게는 크게 차이가 나지 않았다. 열여덟 살 당시에 나는 스스로 속 편한 수험생이라고 생각했다. 잠이 많아서 다른 아이들보다 책상 앞에 앉아 있는 시간이 짧았다. 그러나 그 때문에 자신이 불안해한다고는 생각하지 않았다.

그 유명한 『수학의 정석』을 침구로만 사용하다가 독서실을 나선 날에도 나는 평소처럼 친구들과 낄낄거리며 농담 따먹기를 했다. 마음속 깊이 자신에 대한 실망감이 퍼지는 걸 애써 외면했다.

그러나 고작 10대 후반에 불과한 학생이 수험생이라

는 거대한 압박을 달관해서 보냈을 리가 없다. 나는 허한 마음을, 진득하게 공부에 제대로 매달리지 못하는 나에 대한 좌절을 양념 반, 프라이드 반에 투영하고 말았던 것이다. 나는 비슷한 성향의 친구 두 명과 함께 치킨집 구석 자리에 앉아 한 마리 반을 말없이 뜯던 그 순간들로 불안을 달랬다.

그리고 다시, 아이를 낳고 육아휴직을 하는 대략 1년 정도. 나는 세상의 모든 음식이 맛있었다. 심지어는 산모들이 모두 질려 한다는 미역국도, 소고기가 들어 있다는 이유 하나만으로 푹푹 퍼서 잘 먹었다.

그러나 돌아보건대, 봄날의 벚꽃처럼 만개했던 나의 식욕은 아마도 외로움 때문이었을지도 모른다고 생각한다. 아이를 낳은 뒤 1년 정도 (말이 통하는 이라고는 없는) 육아의 섬에 표류하며 외로움에 몸서리를 쳤기 때문인지도 모른다고.

당시 1년 동안 나의 사회적 관계는 그야말로 급변했다. 대부분의 지인은 밤에 사회활동을 하는 사람들이었다 (술을 마시는 사람들이었다). 아직 결혼도 하지 않았고, 그리고 아이도 없는 사람이 태반이었다.

물론 그 기간에도 몇 번의 전화통화가 오가긴 했지만, 그뿐이었다.

"너도 나오면 좋을 텐데."

친구들은 말했지만 나갈 수 없었다. 나가려면 앞서 말했던 비너스 로봇처럼 가슴을 떼놓고 가야 했고, 그나마 밖에서 술을 마실 수도 없었다.

그렇다고 그들은 낮에 나와 함께 차를 마시면서 몇 시간이고 이야기를 나눌 수 있는 형편도 아니었다. 고작해야 저녁에 잠깐 집으로 찾아왔다가 입대 뒤 첫 휴가를 나온 이등병 같은 나의 고생담을 들어주고 가는 것이 전부였다.

물론 아파트 단지 앞으로 유모차를 돌돌돌 끌고 나가면 다른 애 엄마들과 할머니들이 나와 있었다. 그러나 나는 부녀회 회장을 10년 내리 연속할 것 같은 외향적 외모와는 달리 너무 수줍었다(사실이다. A형이다!).

동네의 다른 엄마들에게 먼저 다가가기가 너무 힘들었다. 놀이터 주변을 빙빙 돌면서 엄마들을 관찰했다. 몇몇 엄마들은 이미 커뮤니티를 형성하고 있는 것 같았다. 서로 반찬도 나눠 먹는 친한 사이인 것 같아, 도무지 말을 걸 수가 없었다.

"어머, 아기 예쁘네요. 몇 개월이에요?" 하고 운을 띄우면 되는 것인데 그때는 그걸 몰랐다. 둘째를 낳고서야 나는 놀이터에서 엄마들과 자연스럽게 어울리는 법을 배웠다.

첫아이를 낳았을 때는 평일에는 그저 혼자 있고, 주말에는 시댁과 친정, 언니네 집들을 배회하며 시간을 보냈다. 그나마 친지들이 많은 것이 나의 복이었다. 이곳저곳을 전전하다 보면 생각보다 시간은 빠르게 갔고 다른 사람들이 잠시나마 아이를 봐주기도 했다.

그러나 역시 엄마의 가장 좋은 친구는 다른 아이 엄마다. 비슷한 시기를 통과하면서 정확히 같은 고민을 함께 나눌 수 있기 때문이다. 물론 아이 친구들의 엄마가 모두 내 친구가 될 수 있는 건 아니다. 그러나 운이 좋으면 비슷한 성향의 엄마 친구를 만들 수도 있으며, 이들은 육아의 가장 큰 우군이 된다.

둘째를 낳은 뒤 얼마간 중국에서 살았다. 그때는 첫아이에 비해 비교적 여유도 생겼고, 나이도 먹었었기에 생각보다 쉽게 엄마 친구를 사귈 수 있었다. 외국이라 한국인이 적었던 것도 나름 이유였던 것 같다. 놀이터에서 만난 한국 엄마들은 모두 자연스럽게 서로 말을 걸었다.

그중에서 한 엄마는 나와 무언가 잘 맞았다. 나는 우리가 아이 친구의 엄마로 만나지 않았더라도 분명히 친해졌을 것이라 생각한다. 우리는 종종 만나 아이들은 서로 놀게 하고 이야기를 나누었다. 아이의 교육, 철학, 직장…… 비슷한 고민거리를 안고 있다는 것이 이렇게 위로가 될 줄은 예전에는 정말 몰랐다. 아이 키우기의 과정 속에서 벌어지는 형형색색의 고민을 나누는 것 자체만으로 위로를 받을 수 있었다.

첫아이를 낳았을 때 이런 친구가 주변에 살았다면 어땠을까. 그때 그 놀이터에서 빙빙 돌지만 말고 나도 용감하게 말을 먼저 걸어볼 걸, 하는 그런 뒤늦은 후회도 했다. 그랬다면 외롭다는 생각, 혼자라는 생각에 쓸쓸해 하면서 마파람에 게 눈 감추듯 음식을 먹어치우지는 않았을지도 모르지 않는가. 친구를 만들어서일까? 둘째를 낳은 뒤 살은 더 금방 빠졌다(그렇다고 날씬해졌다는 것은 아니라고 한다).

육아의 섬에서는 표류하기가 쉽다. 아이가 중심이 되

면서 사회생활의 테두리가 한없이 좁아진다. 그러나 그렇다고 가만히 있으면 내가 무너지기에 십상이다. 그럴 땐 봉화를 올려야 한다. 신호를 보내서 나와 함께할 사람을 찾아야 한다. 그렇지 않고 혼자 섬에 있다 보면 우울은 도둑처럼 찾아온다.

우울 도둑이 빼앗아 가는 것이 차라리 집에 있는 귀중품이면 좋으련만, 이 섬에 찾아오는 이는 우리의 영혼을 날마다 조금씩 빼앗아간다. 사랑하는 사람들의 말을 들을 귀를, 그 사람들의 얼굴을 볼 눈을, 그리고 그들을 향해 웃어줄 마음까지, 섬을 향해 매일 작게 치는 파도처럼 다가와 쓸어가 버린다.

정신을 차려 보면 어느새 내 손안에 놓인 자신이 아주 조그만 조각밖에 없을 수도 있다. 고립된 육아의 섬은 이렇게 위험하다.

성난 얼굴로
돌아보라

"저는 실망하는 것보다 아무 것도 기대하지 않는 게 더 나쁘다고 생각해요."

:: 루시 모드 몽고메리, 『빨간머리 앤』

    기획실장님인 재벌 후계자는 성격 좋은 여자를 좋아했다. 특히 좀 웃긴 이야기를 해주는 여자를. 그래서 자신이 기획실장인 줄 모르고 그 앞에서 한입에 떡볶이 열 개를 털어 넣는 털털한 성격의 그녀에게 마음을 빼앗기고 만다. 둘은 사랑에 빠지지만 자본주의 사회에서 그들의 사랑이 순탄할 리 없다. 여자는 반대에 부딪힌다. 그러던 어느 날, 여자는 한입에 떡볶이를 열다섯 개나 먹을 수 있는 자신을 발견한다. 임신을 한 것이다. 실장님을 너무 사랑한 그녀는 아이를 몰래 낳기로 결심한다. 그러나 국정원에 친척이 계신 듯한 실장님의 엄마가 그녀를 찾아내서 아이를 빼앗으려고 한다. 결국 그녀는 아무도 모르는 시골의 어촌 마을로 가려고 하는데…….

"애기 엄마, 애기 손수건 떨어졌어."

"네? 아, 네……. 감사합니다."

시답지 않은 공상에 빠져 있던 나는 옆자리 아주머님이 집어주시는 손수건을 받아들고야 겨우 다시 현실로 왔다. 강원도로 향하는 고속도로의 나무들은 젊고 싱싱하게 빛나고 있었다. 그리고 내 품 안에 안긴 아이는 다행히 잠들어 있었다. 아이가 백일 무렵이었던 걸로 기억한다. 나는 가출을 했다.

백일쟁이를 안고 탄 고속버스 안은 휴가철임에도 다소 한산했다. 조금 앞에 자리를 잡았다. 분유와 보온병이 들어 제법 무거운 가방을 옆자리에 놓고 앉자, 갑자기 막장 일일드라마의 주인공이라도 된 듯 이상한 느낌이 들었다.

재벌 출신의 연인과 사랑에 빠져서 아이를 낳았으나

집안의 반대로 아이를 빼앗기고 버려질 위기에 놓여 어딘가로 도망치는. 물론 나의 단세포적 상상력에서 나온 스토리는 내 현실과는 전혀 달랐다. 그러나 아이와 둘만 덜렁 남겨진 그 쓸쓸한 기분은 어찌 보면 닮은 것도 같았다.

가출을 한 이유는 간단했다. 남편에게 내가 얼마나 화가 났는지를 보여주고 싶었다. 남편은 나와 동갑내기다. 같은 대학 같은 과를 나왔다. 둘 다 직장에 다녔다. 여기까지는 비슷한 길을 걸었다. 그러나 결혼을 하고 아이를 낳은 뒤 우리의 둘의 길은 완전히 갈렸다.

우선 남편은 변한 것이 별로 없었다. 직장에 다녔고, 밤에는 잠을 잤다. 집안일에 놀랍도록 손을 대지 않았다. 물론 내가 무언가를 시킬 때면 했다(단, 구체적으로 하나하나 다 지적해서 시켜야 한다는 사실이 매번 나의 뒷목을 내리쳤다). 그러나 매일 매 순간 남편에게 집안일을 세세하게 지시할 수도 없는 노릇이었다. 바닥에 떨어진 휴지 조각 하나를 발견해 줍는 일도 내 입을 통해야만 가능할 때도 있었다. 결국 내 가녀리고도 연약한 복장들이 터지는 것을 막기 위해 대부분 내가 마무리하는 편으로 패턴이 흘러갔다.

물론 앞서 이야기했듯이 당시에는 내가 육아휴직을 하고 있었기에, 나는 남편에게 가사노동의 짐을 덜 지워야 한다는 생각을 하기도 했었다. 그러나 모든 일에는 한계가 있는 법이다.

"내가 네 가사도우미 노릇 하려고 너랑 결혼한 줄 알아?"

어느 날 나는 기어코 폭발하고 말았다. 나는 네가 남편인지 하숙생인지 모르겠다며 울부짖었다. 서운했던 일, 내가 바라보는 남편의 이기적인 모습들을 하나하나 끌어와 설명했다. 그리고 그런 남편이 얼마나 미운지도 다 말했다. 그러고서 나는 결국 가출을 선언했다. 도저히 견딜 수가 없다고, 너와는 더 이상 살 수 없으니 친정에 내려가겠다고 말했다. 남편은 그럼 별거를 하자는 이야기냐며 당황해했다. 나는 어쨌거나 우리 둘 사이에 뭔가 휴지기가 필요하다고 생각한다고 말했다. 그리고 다음 날 혼자 아이를 데리고 고속버스에 몸을 실었다.

그러나 가출이 문제를 해결해 줄 수도 있을 거라는 예상은 보기 좋게 빗나갔다. 둘이 떨어진다고 해서 문제가 해결되는 것은 아니었다. 우리는 연애를 하는 두 사람이 아닌 함께 생활을 하는 가족이었기 때문이다. 생활의 문제는 함께 살면서 해결해야 하는 것이었다.

시골에 내려와서도 나의 신경은 온통 남편에게 쏠려 있었다. 얄밉게도 나와 아이가 없어도 남편은 곧잘 지내는 것 같았다. 괜히 나만 여전히 친정에서도 아이와 씨름하며 시간을 보내고 있다는 생각에 전화로 남편을 구박하며 시간을 보냈다. 이럴 바엔 차라리 집으로 돌아가서 방법을 찾는 게 낫다는 생각에 나는 며칠 만에 자진해서 가출을 종료했다. 남편과 나의 결혼 생활에 대해 심도 있는 토론을 벌이리라 결심하고 올라온 참이었다.

그러나 심도 있는 대화를 나누기에 나의 남편은 너무나 단순한 사람이었다(연애를 10년이나 했지만 왜 나는 이걸 결혼하고 나서야 깨달은 걸까). 남편은 우선 내가 자신을 그렇게 미워하는 것에 깜짝 놀랐다고 고백했다. 자신이 게을렀던 것은 미안하지만, 내가 이렇게 분노할 줄은 몰랐다는 것이다. 자기는 어떻게 할 줄 몰랐던 것뿐이라고 말했다.

서울에 집이 있었던 터라 남편은 자취 경험도 없었다. 집안일이란 그저 엄마라는 마법이 알아서 다 해주는 것이었다(물론 집이 지방이었던 나 역시 언니들 집에 얹혀살아온 터라 별반 다를 것은 없었지만, 후에 내가 '엄마'가 된 것과 자라면서 받아온 '여성의 역할'이라는 교육이 큰 차이를 만들었다). 거기에다 육아휴직을 한 내가 도맡아 집안일을 하자 그러려니 했다는 것이다. 자신이 아는 많은 엄마처럼 나도 자식과 가족에 대한 헌신으로 그렇게 집안일을 알아서 자연스럽게 하는 거라고 생각한 것이다.

나는 남편에게 말했다. 우선 나에게 필요한 것은 '관심'이라고. 집안일의 절대량이 아니라, 아이와 아내에 대한 관심. 그것이 있다면 자기의 역할 찾기는 자연스럽게 이뤄질 것이라고 나는 열변을 토했다. 남편은 꽤나 미안한 얼굴로 고개를 끄덕였다.

나의 (바다와 같은) 넓은 마음으로 돌아보자면 그때는 남편에게도 혼란기였던 것 같다. 내가 처음 엄마가 된 것처럼 남편도 처음 아빠가 되었다. 아이 돌보는 것을 매우 서툴러했고 힘들어했다. 그러면서 슬슬 피했던 것 같다. 남편에게도 아이는 낯선 존재였다. 모성과 마찬가지로 부성도 아이를 보자마자 샘솟는 것은 아니라고 나는 생각한다.

내가 분노를 폭발시킨 뒤 남편이 당장 극적인 변화를

보인 것은 아니었다. 그러나 나는 그때 무엇이든 말해야 한다는 사실을 깨달았다. 말하지 않으면 상대방은 알지 못한다. 나의 성난 얼굴을 솔직하게 보여주자 남편은 오히려 내가 처한 상황을 이해하는 듯했다. 그리고 그 이해와 이해가 쌓이면서 남편도 조금씩 변해가기 시작했다.

지금 나의 남편은 육아에 있어 파트너 역할을 예전보다는(그래, 예전보다는) 곧잘 한다. 큰아이의 학교 행사 일정과 돌봄 교실 및 방과 후 교실 등에 관심을 기울이고, 까마귀 고기를 심하게 많이 먹은 나의 빈 부분을 채워주는 경우도 있다. 엄마 손이 많이 가서 휴직까지 한다는 초등학교 1학년 시기를 일하는 엄마인 내가 비교적 무사히 마칠 수 있었던 것은 그나마 아빠 손이 같이 있었기 때문이었다.

작은아이의 학부모 상담도 남편이 대신 가는 경우가 종종 있다. 남편은 아이의 발달과 교우 관계에도 관심을 기울였다. 나의 가출에 불을 댕겼던 첫아이의 백일 때를 생각하면 놀라운 변화다. 그러나 이 역시도 회사에서 남편의 역할이 변화하고, 출장이 잦아지면서 최근에는 꽤 균열이 생기기도 했다.

다시 서로의 회사 생활이 바빠질 때면, 아이의 주 양육자 역할은 언제나 그렇듯 관성처럼 나에게 돌아온다. 아이들은 성장의 초기과정부터 늘 그래왔듯이, 여러 가지 부분에서 아빠보다는 나를 찾는다. 남편 역시 다시 자기 회사 생활에만 몰두하며 아이들을 챙겨야 하는 많은 부분에서 무심해진다. 문제는 나 역시도 관성의 법칙에 순응해 나 혼자 아이들 일과 가사일 모든 것을 떠안는 경우가 생긴다는 것이다.

그러다 보면 다시 알 수 없는 무게추가 나를 누르고, 아이들과 남편을 향해 날카로워진다. 이 과정을 여러 번 거치면서 나는 깨닫게 되었다. 더욱 건강한 관계를 위해 성난 얼굴로 우리의 상황을 다시 돌아볼 시기가 필요하다는 것. 관성에 밀려 감당치 못할 일상의 무게를 그저 무감각하게 견디다 보면 우리 가족의 관계는 오히려 상처를 입을 수 있다는 것. 곪은 상처에는 다소 고통스럽더라도 칼을 대는 것이 맞다는 것을 말이다.

엄마가 된 뒤
다시 만난
엄마

"우리 엄마는 무용가가 되거나, 우주 비행사가 될 수도 있었어요. 어쩌면 영화배우나 사장이 될 수도 있었고요. 하지만 우리 엄마가 되었죠."

:: 앤서니 브라운, 『우리 엄마』

장면 1. "자기가 잘나서 혼자 저렇게 큰 줄 알겠지"

10대 초반의 어느 날이었다. 엄마는 나를 보며 묘한 표정으로 이렇게 말했다. 무엇 때문에 엄마가 그런 말을 했는지는 기억이 안 난다. 그저 당시 집안의 잘 닦인 마룻바닥과 엄마의 표정만 떠오를 뿐이다. 그것은 약간 비웃는 것이기도 했고, 서운한 것이기도 했고, 슬픈 것이기도 했다.

아마도 어린 시절부터 유난히 반짝거렸던 나의 싸가지 본성이 폭죽을 터뜨렸던 어느 날이었을 것으로 짐작한다. 그러나 그날 엄마의 눈빛은 너무 복잡해서 오래도록 나의 기억에 남았다(물론 당시 나는 '그럼 내가 잘나서 이만큼이나 잘나게 컸지, 엄마가 해준 게 뭐가 있어 저런 이야기를 할까' 이렇게 치킨 무 없이 치킨만 먹는 형벌을 당해도 마땅한 불순한 생각을 하기도 했다).

그로부터 20여 년이 지났다. 나는 아이 둘을 키우는 엄마가 되었다. 그리고 이제 엄마의 '그 눈빛'을 조금이나마 이해하게 되었다.

아이는 낳은 순간부터 나를 먹고 크는 존재 같았다. 나의 체력, 시간, 감정, 수면, 휴식, 노동……. 아이가 나의 이런 수고를 꼭 알아주길 바라는 건 아니지만, 너무 몰라준다면 서운함이 무거운 돌멩이처럼 가슴 속 깊이 가라앉을 것 같다.

"엄마는 도대체 어떻게 살았어?"

아이를 낳고 일주일이나 채 지났을까. 아이 키우는 일의 우주적 규모에 짓눌린 나는 엄마에게 이렇게 물을 수밖에 없었다. 우리 엄마는 아이를 여섯이나 키워낸 사람이다. 내가 그 막내다. 아들을 낳으라는 시어머니의 성화에 못 이겨 엄마는 아이를 낳고 또 낳았지만, 하늘은 무심했고, 낳은 자식은 모조리 딸이었다.

엄마는 천 기저귀로 아이를 길러냈다. 당시엔 세탁기도 없었다. 새벽이면 머리맡에 젖은 오줌 기저귀가 수북이 쌓였고, 그 빨래를 이고 빨래터에 가는 것으로 하루를 시작했다고 엄마는 말했다. 그리고 대가족의 식사에 당시 키우던 돼지우리 관리에 쉴 틈이 없었다고 했다.

엄마의 하루 수면 시간은 길어야 네다섯 시간. 남은 시간은 모두 노동으로 채워졌다. 엄마는 어떻게든 자식을 키워내야 한다는 의무감에 쫓겼고, 사실 너무 바빠서 삶의 이유 따위는 생각할 여유가 별로 없는 삶을 살았다고 했다. 듣고 있는 것만으로도 벅차고 피로가 몰려오는 일상을 엄마는 수십 년 견뎌낸 것이다.

내가 당연하게 누렸던 맛있는 밥과 깨끗한 옷과 정돈된 집은 모두 엄마의 젊음에 빚을 지고 있었다. 무려 30년이나 엄마의 삶을 갉아먹으며 살았으면서도 나는 엄마가 되고서야 비로소 그 빚의 무게를 볼 수 있었다.

그뿐이었던가. 딸들은 자라서 다시 엄마가 되었다. 엄마가 되는 과정에는 다시 그 엄마의 손길이 필요했다. 친정엄마는 딸을 다 키운 후에도 자유롭지 못했다. 엄마는 아빠가 돌아가신 뒤 거의 7년을 언니네 아이들을 봐주기 위해 공기가 나쁜 서울에서 살아야 했다. 이 탓에 아직도 만성 기침으로 오랜 기간 고생을 하고 있다.

그래서였을까. 지난해 고속도로를 지나면서 엄마는 옆으로 보이는 무성하고 젊은 여름의 나무들을 보면서도 젊음이 부럽지 않다고 말했다.

"나는 늙었지만 그래도 내 인생 중, 내 시간 가지고 혼자 사는 지금이 제일 행복하다."

엄마의 낮은 목소리. 행복함이 가득 배어 있었지만, 거기에는 지난 세월의 고단함도 함께 녹아 있어 나의 목울대에는 잠시 뜨거운 기운이 돌았다.

장면 2. 엄마는 네가 결혼 안 했으면 좋겠다

언제부터였는지는 기억도 안 나지만 미혼이었던 시절, 엄마는 내게 종종 이런 이야기를 했다.

"너는 결혼하지 마라."

대부분은 방구석에 뱀의 허물처럼 널브러져 있는 나의 바지를 발견한 순간이거나 혹은 대학 시절 만취 상태로 현관에서 신발을 한쪽만 벗은 채 곯아떨어져 있는 나를 목격한 날이거나 했다. 나는 엄마가 나를 구박하기 위해 농담하는 것이라고 생각했다.

그러나 결혼과 육아는 평범한 통과의례가 아니라 내 인생을 송두리째 바꾸는 무엇이라는 것을, 그리고 그 무게가 상상을 초월할 정도로 무겁다는 것을 알게 되었을 때, 나는 깨달았다. 엄마는 언제나 진심으로 결혼을 말렸다는 것을.

현명한 엄마는 진작 알고 있었던 것이다. 어린 시절부터 정리정돈에 놀라울 정도로 서툴고, 청소와 요리 등 집안일 능력 수치 역시 바닥을 기는 내게 결혼은 적합지 않은 인생 코스라는 것을.

실은 얼마 전에도 엄마에게 다시 물어봤다. 다른 엄마들은 다 딸을 결혼시키려고 하던데, 진심으로 나의 결혼을 바라지 않았냐고. 엄마는 단호했다.

"난 정말 네가 결혼하기를 바라지 않았다. 집안일도

정말 못하고. 대학에 대학원까지 가르쳐 놓았으니, 자기 능력으로 벌어먹을 수 있을 거라고 생각도 했고. 요새는 세상에 혼자 살면서 성공하는 여자들 수두룩하더라."

엄마의 답 뒤에는 언뜻 아쉬움이 비치는 듯도 했다. 자신의 딸 중 하나는 결혼과 육아라는 제약 없이 자신의 역량을 최대한 펼치는 그런 사람으로 성장하기를 바랐던 것은 아닐까 하는 생각이 들기도 했다.

나는 엄마가 되자 비로소 딸인 나를 키우면서 엄마가 염려했던 것이 무엇이었는지, 꿈꾸던 것이 무엇이었는지 보게 되었다. 더불어 주변에서 꿈꾸던 딸의 미래와 현실의 괴리에 너무나 힘들어하는 엄마들을 보기도 했다.

전업주부인 내 지인은 한때 음악을 전공했으나 육아 때문에 자신의 꿈을 접어야 했던 케이스였다. 그분은 최근 자신의 친정엄마가 손녀의 사교육을 반대해 속상하다고 나에게 털어놓았다. 지인의 어머니는 여자는 어차피 육아에 얽매이게 되어 있으니 괜히 돈을 낭비해 아이를 많이 가르칠 필요가 없다고 주장했다.

"너는 한때 엄마의 자랑이었어. 그런데 지금 네 모습을 봐. 우리 사회에서는 어쩔 수 없나 봐. 여자는 결국 아이 때문에 발목이 잡히게 되어 있어. 네 딸도 그럴 거야. 많이 가르쳐 봐야 소용없어."

그분은 자신과 자신의 딸에게 동시에 상처 주는 이 말에, 거의 발광하듯 울며 소리를 지르고 엄마와 싸웠다고 했다.

그러나 자신을 더 속상하게 만든 것은 다른 것이라 했다. 내 딸의 미래는 다를 것이라고 자신 있게 말하지 못했다는 것이다. 앞으로는 여성이 아이를 낳은 뒤에도 훌륭한 육아 보조 시스템의 지원을 받으며 자신의 역량을 마음껏 펼칠 수 있는 시대가 올 것이라고 그렇게 되받아치지 못했다는 것이다.

자신의 어머니도 딸이 당신의 시대보다는 나은 세상에 살 것이라고 기대하며 딸을 키웠을 것이라는 걸 알기 때문이다. 어디 그분뿐이랴? 우리 세대를 키워낸 많은 엄마도 딸의 교육에 최선을 다했다. 그 교육열 뒤에는 우리 사회가 조금은 변화할 것이라는 희망 섞인 기대도 있었으리라. 그러나 생각보다 더디게 변하는 세상 탓에 귀하게 기른 딸이 재능을 제대로 펼치지 못하는 것을 봤을 때, 아마 수많은 엄마의 마음이 쓰라렸으리라 생각한다(물론 나는 그 어머님의 표현 방법에는 찬성하지 않지만).

그분의 이야기를 들으면서 그럼 나의 딸이 엄마로 살게 될 세상은 어떨까, 생각해 봤다. 여전히 육아휴직을 쓰기가 눈치 보이는 사회일까. 여전히 믿을만한 보육기관을 찾는 것이 하늘의 별 따기일까. 여전히 여성에게는 일과 육아 사이에서 저울질을 하다 종종 자신의 꿈을 포기하는 일이 발생할까.

그래서 결혼한 딸이 나에게 손주 육아를 부탁한다면 나는 어떻게 해야 할까. 노년에는 종종 여행을 다니고, 남는 시간에는 카페에서 조선 시대를 배경으로 한 마법학교 이야기인 '조선포터' 같은 걸 써서 한몫 잡아보자는 나의 꿈은 그냥 허공에 흩어지고 마는 것일까.

이제 여덟 살로 접어든 딸의 먼 미래를 너무 비관적으로 보는 게 아니냐고 물을 수도 있다. 그러나 육아 부분에서 특별히 변화가 느린 우리 사회를 고려해 볼 때, 딸이 결혼하고 아이를 낳으면 내가 손주 육아를 맡게 될 가능성이 없지는 않다고 생각한다. 언젠가 우리는 이런 걱정 없이 애 키우기 좋은 세상을 만날 수 있을까. 있기는 있을까?

일하는 엄마, 호모죄인쿠스

내가
보게 될 영화는
무슨
영화일까

몸이 귀하게 되어 이름이 세상에 빛남

:: **영화**(榮華)

 나는 자동차 핸들에 얼굴을 묻었다. 우으으으, 우으으으, 우으으으. 짐승 같은 울음소리가 나도 모르는 새 내 입에서 터져 나오고 있었다. 몸이 부들부들 떨렸다. 후드득후드득 콩알 같은 눈물들이 세차게 떨어졌다. 그렇게 몇 분을 울고 나서야 나는 겨우 고개를 들었다. 눈앞에 보이는 손등에는 눈물과 콧물이 어지러운 마블링을 이루고 있었다.

 그날은 나의 두 살 아들을 어린이집에 종일 맡기는

첫날이었다. 사실 며칠 전부터 아이는 이미 어린이집 적응을 위한 등원을 하고 있었다. 갑자기 아이를 온종일 떼어놓으면 불안해하기 때문에 처음 며칠은 친정엄마와 함께 어린이집에 짧게 몇 시간씩만 머물면서 적응 수업을 해왔었다.

어린이집은 집에서 조금 떨어진 곳이었다. 주변 보육 시설엔 아이들이 꽉 차 있는 상태라 대기 번호가 까마득하게 길었다. 거리가 조금 먼 게 흠이었지만, 막상 방문해 본 어린이집은 시설과 교사진 등 모든 면에서 기대보다 좋았다. 나는 이곳이라도 만날 수 있었던 나의 행운에 감지덕지하며 아이를 맡기기로 결정했다.

적응을 위한 등원 첫날, 아이는 어린이집에서 너무나 잘 놀았다고 엄마는 말했다. 당시 아들은 신상 장난감과 함께하는 그곳이 바로 천국인 아기였다. 새로 다닐 어린이집에는 집에서는 당연히 볼 수 없던 낯선 장난감들이 쌓여 있었다. 새로운 자동차와 중장비 장난감들을 발견하자 아이는 가젤을 발견한 치타처럼 교실로 돌진했다고 엄마는 증언했다.

"노는 데 정신이 팔려 할머니가 있는지 없는지 돌아

보며 찾지도 않더라니까. 적응 잘할 것 같다." 엄마는 흐 뭇하게 말했다.

일흔이 훌쩍 넘은 나이에도 반년 가까이 손자를 돌봐주셨던 엄마. 그러나 오십견을 비롯한 각종 통증 등으로 엄마의 체력은 한계에 다다르고 있었다. 30대 초반의 젊은 나이에도 돌보기 힘든 어린 에너자이저를 키우기에 엄마는 너무 여리고 작아져 있었다.

"내가 조금 덜 아프기만 했어도……." 그럼에도 엄마는 아이를 더 길게 봐줄 수 없게 된 걸 미안해했다. 그래서일까, 엄마는 어린이집에서 제법 빠르게 적응하는 손자를 더없이 기특해했다.

이야기를 듣는 나의 입꼬리 역시 실룩거렸다. 아들의 어린이집 등원 데뷔가 이렇게 식은 죽 드링킹으로 끝나다니. 다른 사람들은 아이를 떼어놓기가 그렇게 힘들다던데, 이런 추세라면 내 직장 복귀의 첫 관문 통과는 떼 놓은 당상이 아닌가. 설레발이 가슴 속에서 헤엄을 쳤다.

그다음날이었던가, 이렇게 빠르게 적응하는 아이는 처음 봤다고 하신 어린이집 선생님의 말씀까지 전해 들었다. 역시 활발함의 화신인 우리 아들은 다르구나 하며 나는 안도했다. 에너지 넘치는 아이를 키우느라 하얗게 불태웠던 나날들이 이렇게 보상받나 싶었다.

그러나 나는 잊고 있었다. 그때 내 아이는 고작 16개월이었다. 며칠의 적응 기간을 마치고 종일반에 처음 등원한 그날.

이제 아이는 종일 엄마도 할머니도 없이 혼자 남겨져야 한다는 사실을 알았던 것일까? 인사를 마치고 돌아서는 순간, 아들은 울기 시작했다. 울음과 함께 웅얼거리듯 나를 부르는 아이의 목소리.

"엄마, 엄마, 엄마."

어느 분의 말처럼 엄마라는 그 말이 나의 발목을 꽉 무는 것만 같았다. 선생님에게 안겨 있던 아이는 나를 향해 손을 뻗었다. 한껏 고였다가 통통한 볼로 떨어지는 눈물들. 그러나 나는 아이를 향해 갈 수 없었다. 그렇게 되면 다시는 떨어지지 못할 것 같았다.

"울어도 걱정 말고 가세요."

어린이집 선생님은 말씀하셨다. 적응이 되면 괜찮아질 거라고. 엄마가 일단 문을 나섰다가 다시 돌아오면 아이는 더욱 떨어지지 못한다며, 돌아설 땐 더욱 단호하게 돌아서라고 충고를 해주셨다. 그리고 울다가도 곧 진정하고 잘 노니 걱정하지 말라고 말씀해주셨다.

"엄마, 엄마, 엄마."

그러나 슬프게 출렁거리며 나를 찾는 아이의 목소리를 계속 외면할 순 없었다. 그리고 고개를 돌려 만난 내 아이의 눈빛. 그 눈빛은 9년이 지난 지금도 떠올릴 때마다 나의 가슴을 아프게 친다.

그렇지만, 어쩔 수 없는 일이었다. 나의 인생이었고, 나의 선택이었다. 나는 문을 열고 어린이집을 나섰다. 그리고 차에 올라탔다.

"엄마! 엄마!! 엄마!!!"

나를 찾는 아이의 울음소리가 어린이집 창문을 뚫고, 현관을 뚫고 울리며 나의 심장을 뒤흔들었다.

'내가 도대체 무슨 영화를 보겠다고, 내가 정말 무슨 영화를 보겠다고, 저 어린 것을 이곳에 남겨두고 떠나야 할까?'

번들번들 눈물과 콧물이 범벅이 되어 나는 자동차에 시동을 거는 것도 잊은 채 한참을 앉아 있었다. 다시 차 문을 열고 뛰어서 어린이집으로 들어가고 싶었다. 그러나 참았다. 힘들었지만, 참기로 했다.

　나에게는 엄마로서의 책임도 있었지만, 직장인으로서의 책임도 있었다. 엄마로서 사는 나도 있었지만, 직장인으로 사는 나도 있었다. 나는 단단한 철근 덩어리처럼 내려앉은 마음을 추스르며 회사로 향했다.

　그 뒤로 한 달 정도, 아이와의 아침 이별은 계속되었다. 며칠이 지나고 아이는 제법 나에게 손을 흔들기도 했지만, 어떤 날에는 울면서 내게 매달렸다. 그런 날은 출근하는 내내 슬픈 공기가 차를 한가득 채웠다.

　그렇게 힘들었던 한 달이 지나고 아이는 점차 안정을 찾아갔다. 어린이집에서는 한 분의 선생님이 나의 아이를 포함해 두 명만을 맡으셨다. 언제나 수첩을 통해 아이의 하루를 제법 자세하게 알려주셨다. 비교적 말이 빨랐던 아이 역시 어린이집에서 있었던 일에 대해 묻는 나의 질문에 "선생님 좋아", "친구 안았어" 등의 짧지만 예쁜 대답을 내놓기도 했다. 언젠가부터 아이는 선생님의 품에 안겨 환하게 웃으며 나에게 손을 흔들기도 했다. 그러자 숨쉬기 힘들 정도로 나를 꽉 죄고 있던 죄책감의 밧줄도 서서히 느슨해지기 시작했다.

그러나 아이와 떨어질 때면 언제나 미안한 마음이 앞섰다. '내가 무슨 영화를 보겠다고. 내가 무슨 영화를 보겠다고.' 이 말을 마음속에서 몇 번이고 반복했다. 아이에게서 등을 돌리는 매 순간 비정한 엄마, 아니, 죄인이 된 느낌이었다.

아이가 어린이집에 어느 정도 적응을 해도 죄책감은 쉽게 사라지지 않았다. 아이를 처음 낳아 기르는 초보 엄마에게는 손톱 밑에나 겨우 들어갈 작은 가시도 거대한 칼이 되었다. 무슨 희생을 치르더라도 아이는 엄마 품에서 키워내야 한다고 야단치는 말들, 직장에 다니는 엄마의 아이는 결국 제대로 크지 못하고 비뚤어진다는 말들. 책에서, 라디오에서, 주변에서 이런 말들을 들을 때면 날카롭고 긴 죄책감과 두려움이 마음 깊은 곳을 '푸욱' 하고 찌르는 것만 같았다.

아이가 조금만 떼를 부려도, 조금만 적응을 못 해도 더럭 겁이 났다. 내가 곁에 없었기에 아이가 저렇게 된 것은 아닐까. 내 욕심만 부리다가 아이의 평생을 망가뜨리는 것은 아닐까. 첫아이를 낳고 직장을 다니는 내내 그런 죄책감은 내 일상과 함께했다.

그런데, 나는 정말 죄인일까. 나는 그저 이 땅의 평범한 젊은 부부가 아이를 낳고 키우기 위해 필요한 돈을 버는 사람일 뿐이었다.

나의 부모가 힘들게 일해 마련한 돈으로 20년이 넘게 쌓은 지식과 능력을 발휘할 직장에 다닌 것이 죄라면 죄였다. 아이를 키우기 위해 장기간 휴직을 하는 부모를 백안시하는 사회에 사는 것이, 한 번의 경력단절은 직장 생활을 끝으로 몰아붙이는 시절에 태어난 것이 죄라면 죄였다.

이런 고민들을 지속하다가, 나는 남편이 주재원으로 발령이 나 중국으로 떠나면서 한국에 혼자 남겨졌다. 그리고 결국 큰아이가 네 살 되는 해에 직장을 그만두었고, 긴 터널을 빠져나온 뒤 나는 크게 깨달았다. 아이와 함께 지내는 시간의 길이가 아이와 나의 행복을 좌우하는 것은 아니라고. 우울한 시간을 길게 같이하는 것보다 행복한 시간을 짧게 함께하는 것이 더욱 중요하다고.

희생이 당연한 엄마의 명제에 따르다 보면 불행한 엄마의 함정에 빠지기 쉬웠다. 완벽한 엄마의 길을 걸어가려다 보면 못난 엄마 콤플렉스에 걸려들었다. 어려운 길이었다. 그러나 돌아보면 그 길 위에서 언제나 내가 원했던 영화榮華는 단 하나였다. 내 가족과 건강하고 평범하게, 그리고 행복하게 사는 것. 그것 하나뿐이었다.

남들도
나처럼 사나?

"오늘의 나는 여기서 계속 너를 응원하고 있을 거야. 단 하나뿐인 나에게."

:: 〈카우보이 비밥〉

"좀 천천히 먹어. 안 뺏어 먹을게."

함께 밥을 먹던 선배가 짠하다는 눈빛으로 나를 쳐다보며 말했다.

"네, 아뇨. 그게, 그러니까, 제가 습관이 되어서."

입가에 묻은 김치찌개 방울을 휴지로 찍어내며 나는 겸연쩍었다. 남들은 아직 공깃밥의 절반도 먹지 않았건만, 나는 어느새 밥 한 공기를 훌쩍 비웠다. 밥이 나왔을 때 이 집은 무슨 머슴 고봉밥을 주냐며 낄낄거리던 내 모습이 떠올라 더욱 민망해졌다(순식간에 본인이 머슴 인증한 셈 아닌가).

여럿이 같이 밥을 먹는 자리라 혼자 일어나기도 겸연쩍었다. 기다리는 동안 애꿎은 김 반찬만 입에 넣고 초콜릿처럼 녹여 먹었다. 참기름과 소금이 뒤엉킨 김은 입속에서 추접스러운 모양새로 우글거리며 녹았다. 그나마 그 김도 몇 장이나 더 먹은 뒤에야 다른 이들과 함께 자리에서 일어날 수 있었다.

첫아이를 낳고 썼던 육아휴직이 끝나고 회사에 복귀한 직후, 나를 가장 당혹스럽게 했던 것은 나의 식사속도였다. 형제 많은 집에서 자라 (하나라도 더 먹으려고) 원래 빨리 먹는 습관이 있었던 나였지만, 아이를 낳은 뒤 이 습관에는 무시무시한 가속도가 붙었다. 밥 먹기에 있어서는 어느새 우사인 볼트도 부럽지 않게 된 것이다.

초음속, 아니, 초광속급 밥 먹기는 첫아이를 낳고 든 버릇이다. 젖먹이 아기는 시간의 블랙홀이다. 젖을 먹이고, 어르고, 재우기를 하다 보면 집안일을 할 틈이 없다. 그나마 조금 정신을 차릴 수 있는 시간이 아이가 잠들었을 때인데, 이때를 노려 요리, 빨래, 설거지, 청소 등 집안일 4종 세트를 모두 마무리하지 않으면 안 된다. 마치 딱 맞는 블록을 넣는 시기를 놓치면 블록들이 걷잡을 수 없이 쌓이는 테트리스 게임처럼 모든 게 엉망이 되기에 십상이다.

그래서 아이가 잠든 것을 확인하면 그때부터 나는 달리기 출발선에 선 사람처럼 심장이 빨리 뛰고 마음이 급해졌다. 그러다 보니 음식을 먹는 게 아니라 흡입하는 나날이 늘었다. 그래야 조금이라도 시간이 줄기 때문이다. 나는 특히 미역국에 밥 말아 먹는 걸 많이 했는데, 미역은 마찰력이 적어 비교적 빨리 섭취할 수 있기 때문이다(그때는 나름 신선한 아이디어라고 생각했었는데, 새삼 써놓고 보니 서글프다).

육아휴직을 하고 일터로 다시 돌아오니, 낯익지만 새로운 세상이 열렸다. 정식으로 식사 시간이 생긴 것이다. 나는 작은 것에 감사할 줄 아는 인간으로 다시 태어났다. 예전에는 뭘 많이 맛있게 먹을까만 고민했지, 한 번도 인간답게 밥을 먹을 수 있다는 사실에 감격해 본 적이 없는 나였다. 그뿐인가? 밥을 먹고 난 뒤에는 커피도 마셨고,

옹알이가 아닌 성인 언어를 구사하는 사람들과 산책도 간단히 할 수 있었다.

그러나 퇴근 시간이 되면 회사원이라는 마법은 풀렸다. 퇴근 시간이 다가올 때면 나는 밤 11시 59분을 가리키는 시계를 본 신데렐라처럼 허둥댔다. 집으로 돌아갈 때면 자동차의 가속기를 밟는 발에 힘이 들어갔다. 운전대 위의 손에 힘이 들어갔으며, 깜빡이는 분주했다(나는 비교적 운전을 난폭하게 하는 편인데, 초보 시절 대부분을 바쁜 출근길 혹은 아이가 나를 기다리는 퇴근 시간 운전으로 보냈기 때문이라서 그런 것 아닌가, 라는 생각을 한 적이 있다. 하지만 남편은 내 속에 숨겨진 레이서 본능 때문이라고 한다).

집에 돌아가는 시간이 되면 그냥 모든 게 미안했다. 온종일 나를 기다리는 아이에게 미안했다. '다녀왔습니다'라고 문을 열고 들어서면, 아이는 별 같은 눈빛을 찰랑대면서 짧은 다리로 종종종 뛰어와 나에게 안겼다. 마치 '오늘은 엄마가 이만큼 그리웠어요'라고 말하는 듯 내 품속으로 깊숙이 들어왔다.

피곤한 하루를 마치시고, 저녁 시간에 아이까지 봐주시는 시어른들의 얼굴을 뵐 때면 언제나 감사하면서도 죄송한 마음에 몸이 저절로 깊숙이 숙여졌다. 지금도 그렇지만 나의 아이를 맡아주는 분들께는 언제나 묵직한 부채감이 들었다. 아이를 돌본다는 것이 얼마나 고된 일인지를 나 자신이 누구보다도 잘 알기 때문이다.

퇴근한 뒤 아이와 집에 돌아와도 마음이 바쁜 것은 마찬가지였다. 아침에 버려두고 간 설거지들은 나의 숨을 막히게 했고, 다용도실 앞의 빨래들은 자기들끼리 어느새 움막을 만들고 있었다.

퇴근을 하고 나서도 다시 집으로 출근해야 했다. 후다닥후다닥 정신없이 집안일을 하다 보면, 머릿속에서 온갖 생각들이 폭포처럼 떨어졌다.

우리는 왜 그 좋은 수렵채집 생활을 마다하고 쓸데없이 문명이라는 걸 택했나. 신석기인들은 왜 만고에 소용없는 빗살무늬 토기를 만들었나. 그들이 없었다면 나는 이렇게 밤 11시에 설거지를 하고 있지 않아도 되었을 텐데. 그릇 따위······. 세수도, 양치도 하지 않고, 떨어지는 사과나 주워 먹으며 살았으면 오죽 좋낫 말이다. 옷처럼 거추장스러운 것은 걸치지도 말고, 걸쳐도 뭐 그냥 타잔처럼 대충 흉내만 내고서 그렇게.

혹은 아예 로봇이 모든 걸 해주는 22세기에 태어났으면 좀 좋았을까, 라는 공상도 했다. 세탁기에 빨래를 넣고 빼고 다시 너는 이 단순하면서 표나지 않는 작업은 무려 30분이 넘게 소요된다. 결국 늘어진 티셔츠를 입고 발을 질질 끌며 침대로 향하면서 드는 생각은 단 하나다.

'아, 나는 너무 어중간한 문명 단계에 태어났도다!'

가끔 너무 피곤한 날은 문명의 굴레를 멋있게 저 멀리 던져버리기도 했다. 씻지 않으리, 정리하지 않으리, 그냥 잠들어버리리!

그러나 인생에 있어서 멋진 날들은 언제나 그렇듯 후폭풍을 동반했다. 다음날 내가 마주하는 현실의 짐은 더욱 거대해져 있을 뿐이었다. 싱크대 위로 불룩 솟은 그릇들, 더욱 거대해진 빨래 움막, 방바닥에 생긴 출구 없는 미로. 나는 다시 고분고분한 21세기의 인간으로 돌아올 수밖에 없었다.

설상가상으로 나는 자타가 공인하는 집안일 저성과자, 노동의 효율성이 매우 낮았다. 나에게 주어진 자유 시간은 구석기 시대의 주먹도끼 정도만큼 아주 작은 조각이었다. 매일 손 위에 놓인 그 작은 돌도끼 조각을 보며 나는 서글퍼 했다.

허겁지겁이라는 단어로 점철된 일상뿐일까? 어린아이가 있는 사람에게는 저녁 시간의 자유도 매우 비쌌다. 맡길 사람을 찾아야 함은 물론이고, 온종일 떨어져 있었던 아이에게 더 늦게 돌아가는 미안함은 등 뒤에 계속 달라붙어 있다.

예전에는 소털처럼 많은 것만 같던 저녁 시간이었는데, 결혼하고 애를 낳는 동안 그 소는 그만 급성 탈모를 겪게 되었다. 해가 진 뒤 사람을 만나는 일들이 드물고 귀해질 수밖에 없었다. 그나마도 다음 날 아침 일찍 일어나 출근과 어린이집 등원을 동시에 챙겨야 하는 바쁜 일정이라 저녁에 누구를 만나도 '오늘은 망가져 버릴 테다' 같은 호기를 부릴 수 없었다.

분명 뒤를 돌아보면 아무도 없는데, 누군가에게 항상 쫓기는 것만 같았다. 예전보다는 아이들이 조금은 커 나의 자유 시간도 주먹도끼를 겨우 벗어났다. 그렇다고 크기가 고인돌 수준에 달한 것은 아니다. 여전히 하루는 정신이 없다. 아침의 등교 전쟁과 퇴근 뒤의 숙제, 씻기, 잠자기 등 넘겨야 할 일상의 페이지들은 매일 반복해서 휘

리릭 넘어갔다. 그나마 주먹도끼보다 아주 조금 커진 자유 시간을 종종 인터넷으로 먹을거리나 애들 용품을 장보는 일로 써버리면 하루의 무게가 그렇게 가볍고 허무할 수가 없었다.

아이가 다음날 가져갈 책가방을 챙기고 지퍼를 닫으며 하루를 마무리하다 보면, 문득문득 그런 생각이 든다. 남들도 다 나처럼 살고 있나? 이렇게 하루하루 쫓기듯? 나는 정말 남들과 비슷한 길을 걸어왔는데……. 남들처럼 학교에 다니고, 취직을 하고, 결혼을 하고, 아이를 낳았을 뿐인데. 이 세상의 수많은 남들처럼 말이다. 그런데 왜 이렇게 힘든 것일까? 아니면 다들 살아갈 만한데, 나만 유난히 엄살인 것일까? 아니면 아이를 낳아놓고 나만의 자유 시간을 찾는 내가 배부른 소리를 하는 것일까?

자정에서야 멈춰선 세탁기 문을 열고 빨래를 널며 상념에 잠기기도 한다. 도대체 제대로 영화를 본 지가 언제이며, 조용히 책을 읽은 지는 언제였던가.

쭈글쭈글 엉켜 있는 빨래들을 펴고 또 펴면서, 생각은 과거와 현재와 미래를 오간다. '수건은 탁탁 펴서 널어라'는 엄마의 잔소리에도 대충 미역 뭉치 몇 개를 걸치듯 빨래를 널었던 과거의 내 모습, 재계약에 필요한 전세자금, 내일 아침에 아이들 입힐 옷 등등. 그리고 내 인생은 앞으로 어떤 방향으로 나아가야 하는지, 아이를 키우는 것은 정말 무엇인지 등등.

결혼 전에는 한 번도 생각지 못했던 인생이다. 건조대 앞에 서서 삶을 고민하는 내 모습. 이상하기도 하고, 맥이 빠지기도 하고, 신기하기도 하다가, 이럴 수도 있지 뭐, 싶다.

그리고 빨래를 다 널고 돌아온 침실. 따뜻하고 노란 전등 밑에서 잠든 아이들이 있다. 세상의 걱정 따위는 달콤하고 포동포동한 얼굴들 위에서는 왠지 맥을 못 춘다. 그 둥그런 얼굴들, 그 부드러운 얼굴들을 쓰다듬다 보면 나는 또 세상에서 가장 행복한 사람이다.

하루하루 굴러가는 일상의 바퀴에 붙어 나의 감정은 이렇게 행복과 불행, 고단의 높낮이를 반복한다. 언뜻 보면 무탈하게 아무 일 없이 지나가는 일상 같지만, 건조대 앞에서 식탁 앞에서, 그리고 더러워진 이불 빨래 앞에 서면 여전히 종종 질문이 생긴다.

'사는 게 얼마나 힘든 줄 아냐'라던 엄마의 말이 이

뜻이었나. 인생은 이런 건가? 남들도 다 나처럼 사나? 나의 시간은 언제쯤 생길까? 답이 없는, 지금은 어쩌면 소용없는 질문일지도 모르지만, 왠지 던져야 할 것만 같다.

질문을 던지는 그 순간이라야, 나는 생각하게 된다. 지금 내가 어디에 서 있는지, 그리고 앞으로는 어떤 길을 가야 하는지를.

시험에
들지 말게
하옵시며

"우리 여자들은 직업의 성공과 사랑, 모두 원한다."
::〈파니 핑크〉 감독, 도리스 도리

 윙윙윙. 잠이 덜 깬 것 같은 진동과 함께 휴대폰이 울렸다. 집이다. 전화를 받자마자, 아들의 물기 젖은 목소리가 전화기 밖으로 뚝뚝 떨어졌다.

 "엄마? 엄마 직장 끊으면 안 돼?"

 "응? 왜 그래?"

 "나 아침에 일어날 때마다 엄마 없는 게 싫단 말야."

 "근데, 엄마 직장 못 끊어."

"엄마는 내가 이렇게 스트레스받는데도? 그래도 직장이 더 중요해?"

"미안해. 그래도 엄마가 일 끊으면 너한테 스트레스를 더 줄 수도 있어. 지금은 미안. 대신 엄마가 오늘은 최대한 일찍 들어갈게."

"난 엄마가 직장 끊었으면 좋겠어."

"미안. 엄마가 못 끊어서. 일찍 들어갈게, 사랑해."

"맨날 미안하다고만 하고. 몰라! 미워!"

"그래도 정말 미안."

"알았어……. 대신 일찍 들어와."

간신히 달래고 끊은 전화. 내려다본 휴대폰에는 아들의 눈물이 묻어 있는 듯했다. 아침의 출근길 버스 안. 드문드문 사람이 서 있었고, 대화를 하는 사람은 없었다. 많은 이가 스마트폰 속을 유영하거나 이른 아침 출근으로 모자란 잠에 빠져들어 있어, 내부는 꽤 고즈넉하기까지 했다.

나는 창밖으로 시선을 돌렸다. 멈춰선 버스 정류장 주변에는 사람들이 저마다 가방을 들고 서성이고 있었다. 출근하는 것이리라. 나처럼.

아이가 초등학교 들어간 해 여름 나는 이직을 했다. 당시 거의 두달여 동안 일주일에 한 번꼴로 아들에게 아침마다 전화가 걸려왔다. 새로 옮긴 직장은 아침 출근 시간이 전보다 일렀다. 집과의 거리도 멀었다. 나는 아이들을 데려다주는 시간에 나올 수가 없었다. 그나마 당시에는 남편이 아이를 데려다줄 수 있는 날이 많아, 문제는 어찌 해결되고 있었다. 그런데 아이들, 특히 아들에게는 내가 아침에 없는 게 생각보다 큰 스트레스인 것 같았다.

창밖을 스쳐 지나가는 분주한 모습들을 보고 있었지만, 마음에는 엄마가 직장을 단칼에 끊어버릴 날만 기대하는 아들에 대한 생각에 작은 웅덩이가 생겼다. 그러나 만약 그 웅덩이를 메우기 위해 직장을 그만둔다면, 저 밖의 사람들과 같이 출근하는 지금의 삶을 포기한다면 내 마음 다른 곳에는 더 크고 깊고 어두운 웅덩이가 생기리라는 것을 이제는 알고 있었다. 그래서 그날 아침의 작은 웅덩이를 출근 버스에 남기고 그저 미안한 마음만 안은 채, 나는 회사로 향했다.

'아이의 어린 시절은 평생을 결정한다. 그 시절 엄마의 부재는 아이에게 돌이킬 수 없는 상처를 남길 수 있다.

무엇을 희생하더라도 아이의 곁에 남아야 한다.'

첫아이를 낳고 직장으로 복귀한 뒤, 내 귀를 가장 강타한 말들이다. 지나치듯 라디오에서 들어도, 책장을 넘기다 읽어도, 누군가의 대화에서 이야기가 나와도 나는 움찔했다. 어린이집에 아이를 맡기고 돌아선 그날들 속에서 내가 과연 옳은 일을 하고 있는 것인지, 회의가 내내 나의 마음을 찔렀다. 사람들의 말처럼 나는 정말 '내 욕심'만 챙기는 이기적인 엄마인 것일까?

남편이 중국 주재원 생활을 하게 되면서 내가 직장을 그만두기로 결심한 이유 중 하나는 이처럼 언제나 나를 짓누르던 두터운 죄책감도 한몫을 했다. 아이들이 커가면서 일으키는 문제들이 모두 내 탓인 것만 같은 생각에, 나는 이번 기회에 내 시간을 온전히 아이들을 위해 쓰리라 생각했다. 묵은 때처럼 켜켜이 쌓였던 죄책감은 씻어내고, 혹시 내가 줬던 상처가 있다면, 보상하고 싶었다. 아이들을 더 잘 알아가는 그런 엄마가 될 수 있을 거라고 생각했다.

그러나 문제는 나였다. 아이들은커녕 나는 나를 잘 모르고 있었다. 나의 이름은 사라진 채 누구누구의 엄마라는 이름 밑에서만 사는 것은 생각보다 견디기 어려웠다.

물론 아이들은 에덴동산에서나 볼 수 있을 것 같은 천사처럼 아름답고 사랑스러웠다. 그러나 나는 선악과를 먹어도 아주 많이 먹은 어른이었다. 노동이 필요했다.

10년이 넘는 시간 동안 공부해 들어간 대학, 등록금이 비싼 사립대에서 딴 학위, 읽었던 수많은 책, 치열하게 토론했던 수많은 시간, 힘들게 들어간 언론사……. 아이들이 뛰노는 놀이터 벤치에 앉아 매일 하루를 마무리하는 순간이면 '죄책감 없는 엄마'가 되기 위해 치렀던 비용들이 떠오르는 것은 어쩔 수 없는 일이었다.

어느 순간부터 깊게 파인 우울의 웅덩이는 마음속에서 나날이 커졌다. 아이들과의 관계도 해치기 시작했다. '좋은 엄마'가 되고자 선택한 길 위에서 나는 '나쁜 엄마'가 되어가고 있었다.

이처럼 어두운 길을 한 번 걸었던 나이기에, 나는 이제 흔들리지 않기로 했다. 물론 아이들이 아직 어린 터라, 나에게는 아들의 전화처럼 자주 시험에 드는 순간이 찾아온다. 한번은 딸아이가 유치원에서 '감정일기'라는 걸 들고 왔다. 슬픈 날, 기쁜 날 둘 다에 드레스를 입은 여자가 그려져 있었다. 누구냐고 물었더니 '엄마'라고 했다. 슬픈 날은 엄마가 회사 가는 날, 기쁜 날은 엄마가 쉬는 날. 괜히 눈물이 울컥해 딸을 바라보니, 전생에 천사임이 분명한 딸아이는 이렇게 말했다. "그래도 괜찮아. 오늘은 엄마가 쉬잖아!" 다시 방긋 웃는 볼에 나는 수백 번의 뽀뽀를 퍼부었다.

물론 아이들이 아프거나 문제를 일으킬 때면, 여전히 나는 흔들린다. 그러다 다시 마음을 다시 추스른다. 내가 행복하지 않으면, 아이들도 행복할 수 없다고.

그리고 1년 정도 지났을까. 초등학교 2학년에 접어들면서 아들은 슬슬 내 출근지에 대해서 궁금해하기 시작했다. 그러다가 한번은 뜬금없이 물었다.

"엄마, 엄마네 회사에서 제일 높은 사람이 누구야?"

자동차로 변신하는 동물모형 따위와 놀다가 갑자기 엄마 회사의 가장 높은 사람 생각이 왜 났는지는 모르겠지만, 나는 답했다.

"뭐, 그야. 편집국장이나 사장님이지."

"그래? 그렇구나. 그럼 엄마 열심히 해서 편집국장이나 사장님 되어야 해."

응. 왓? 뭐라고? 아 백 유어 파든? 아들은 다시 장난감으로 주의를 돌렸지만, 이건 정녕 자다가 굿거리장단으로 봉창을 두드리는 소리가 아닌가. 우선 내가 편집국장이나 사장이 될 수 있는 확률이 (내 입으로 말하기 민망하도록) 심하게 낮기도 했지만, 그 이야기가 내 아이의 입에서 나올 줄은 몰랐다.

"엄마 회사 그만뒀으면 좋겠다더니?"

"뭐 그렇긴 한데, 그래도 기왕 다닐 거면 높은 데까지 올라가 봐야 하는 거 아니겠어?"

아니 이런 시마 과장 같은 야망 캐릭터였던가, 우리 아들은? 아니면 아이는 내가 일을 한다는 사실을 조금이나마 자랑스럽게 생각하는 것일까? 불과 1년 전만 해도 나에게 회사를 끊으라며 아침마다 일주일에 한 번꼴로 전화를 하지 않았던가. 아이는 조금 큰 것이 틀림없었다. 어른들 말처럼 시간이 약인 것일까? 나, 조금 희망을 가져도 되는 것일까?

하아, 제발 신이시여. 웬만하면 저같이 뭐 가진 것 없는 어린양을 시험에 들지 말게 하옵소서. 그리고, 제 아이들이 얼른 초고속으로 자라게 해주소서.

저도
참관수업
참 좋아하는데요

동에 병든 어린이가 있으면 찾아가서 간호해주고 서에
고달픈 어머니가 있으면 가서 그의 볏단을 대신 져주고

:: 미야자와 겐지, 「바람에 지지 않고」

"절대 반장, 부반장은 안 된다."

엄마는 언제나 내게 말했다. 딱 한 번 어쩔 수 없이 (주체할 수 없는 인기 탓에) 부반장을 하기는 했지만, 나는 완장을 다는 것을 의식적으로 피했다. (내 생각에는) 선천적으로 자리 욕심이 없는 청렴한 선비 같은 나의 성품이 첫 번째 이유였고, 학교에 오기 싫어하는 엄마의 마음을 어렴풋이 이해한 것이 두 번째 이유였다.

내가 초등학교에 다닐 때만 해도(그때는 '국민학교'였지만) 임원의 엄마는 야쿠르트, 초코파이 등을 반 전체에 돌렸다. 매달 명세서가 빤한 공무원 월급으로 자식 여섯을 키우는 엄마에게 다른 애들에게까지 간식을 돌릴 여유가 있을 리가 없었다(심지어 나한테도 잘 안 사주는 과자 아니던가. 별사탕이 들어간 뽀빠이, 미래소년 코난이 겉봉에 그려져 있던 바나나킥, 부드러운 사브레, 숨은그림찾기가 있던 칸쵸……. 아, 추억이 방울방울).

학급 임원이 아니어서인지, 엄마는 내가 초등학교 다닐 때 거의 학교에 오지 않았다. '늙은 엄마가 가서 뭘 하겠나'라는 것이 이유였다(엄마는 만으로 마흔에 날 낳았다). 알면서도 학교에서 학부모들을 초대하는 날이면, 괜히 어깨가 늘어졌다.

차분하게 늘어진 긴 치마에 양산을 들고 학교를 찾는 다른 엄마들 속에 우리 엄마도 있었으면, 하고 바랐다. 엄마가 없다는 걸 알면서도 자꾸 뒤돌아봤던 어린 내 모습은 지금 떠올려도 눈가를 촉촉이 적신다.

나는 그런 날은 학교 운동장에서 더 오래 철봉에 매달리거나, 더 오래 운동장에 그림을 그리곤 했다. 물론 우울의 시간은 그리 길지는 않았던 것으로 기억한다. 다른 엄마들이 간식으로 나눠준 초코파이를 가방에서 꺼내 '떡파이' 만들기에 돌입하는 경우가 많았기 때문이다. 80년대 후반에 (강원도 지방의 한 초등학교에서) 부상했던 가장 핫한 초코파이 레시피가 있었는데, 그게 바로 떡파이다.

봉지를 뜯지 않은 채 고도의 정신력을 집중하여 초코파이의 마시멜로와 초콜릿 과자가 혼연일체가 되도록 만드는 것이다. 내가 파이인 듯 파이가 나인 듯 무아지경에 이르다 보면 어느새 손끝으로 하나의 응어리 없이 떡으로 다시 태어나는 파이를 느낄 수 있다. 내 언니 중 한 명은 떡파이의 모양새가 누가 토해놓은 것 같다며 나를 구박했지만, 그래도 나는 떡파이가 있어서, 엄마가 오지 않는 학교 행사의 쓸쓸함을 조금이라도 달랠 수 있었다.

그런데 첫아이가 입학하고 열렸던 첫 참관수업. 나는 학교에 가지 못했다. 학기가 시작한 지 얼마 안 있어 열린 것이었다. 가정통신문을 보고 회사에 사정을 이야기하고 연차를 쓸까 잠시 고민했지만, 안 그래도 앞 달에 연차를 사용한 터라 말을 꺼내기가 껄끄러웠다. 게다가 뭘 잘 몰랐다. 그냥 시간 되는 사람만 오라는 건 줄 알았다. 그런데 나중에 이야기를 들어보니 대부분의 엄마가 참석하는 그런 행사였다.

전날 나는 아이에게 미안하지만 엄마가 사정이 있어 참관수업에 못 간다는 이야기를 해두었다. 그러나 갓 학교에 들어간 아이가 그것을 그렇게 쉽게 받아들였을 리가 없다. 수업에 참여했던 다른 엄마의 말을 들어보니 아이는 계속 뒤를 돌아봤다고 한다. 엄마가 없는 걸 알면서도. 그러더니 혼잣말을 하더란다.

"내 이럴 줄 알았어."

문제는 다음에 발생했다. 수업이 종료된 뒤에 돌봄교실에 가야 하는 아이가 사라진 것이다. 돌봄교실 선생님은 나에게 전화를 했다.

"어머니, 저희가 아무리 찾아도 없네요. 서진이가 학교 어디에도 없어요."

그럼 아이는 도대체 어디로 간 것일까? 최근에 본 생각하기도 싫은 사건과 사고 뉴스의 헤드라인들이 머릿속을 스쳐 갔다. 심장이 터질 것만 같았다. 담임 선생님은 서준이가 참관수업이 진행되는 도중 교실 밖으로 나갔다가 돌아온 적이 있다고 말했다. 엄마가 왔는지 한번 나가

본 것이다. 마음이 많이 상한 것 같았다는 담임 선생님의 말에 얼굴을 타고 내려오는 눈물이 멈추지를 않았다.

회사에 급히 이야기를 하고 택시를 타고 집으로 향했다. 택시를 타고 가는 내내 나는 학교에 가지 않은 나 자신을 원망했다. 수십 분이 지났을까. 학교 운동장 구석 쪽에서 아이가 놀고 있는 것을 선생님이 발견해 찾았다는 전화가 왔다. 영원처럼 느껴졌던 시간이 끝나고서 만난 아들은 말했다.

"엄마, 미안해. 일이 이렇게 커질 줄 몰랐어."

아이는 엄마가 오지 않아 속상한 마음에 방과 후에 빙글거리며 돌아다니다가 운동장에서 노는 형들을 만났다고 했다. 그래서 형들과 잠시만 논다는 것이 그만 놀이가 너무 재밌어서 그 구석 자리에서 정신없이 놀았다는 것이다. 나는 놀랐던 것도 잊고 다만 아이를 찾은 것이 너무 감사하고 기뻤다.

다음에는 절대 말없이 사라지지 말라고 신신당부를 했다. 그리고 더불어서 다음에는 꼭 무슨 일이 있더라도 참관수업에 가겠노라 약속했다. 아이와 나는 두 몸이 붙을 것처럼 서로를 꼭 안았다.

그리고 집으로 돌아가는 길. 나는 아이를 데리고 가게에 들어가 초코파이를 하나 사줬다. 무언가 보상을 해주고 싶었다. 혹시 떡파이를 만들고 싶지 않냐고 아이에게 물었다. 어린 나를 위로해줬던 떡파이가 오랜 시간 뒤 아들을 위로해줄 수도 있을 것 같은 그런 센티멘털한 생각이 잠시 스쳐 갔다. 찬찬히 레시피를 알려줬다.

"웩. 왜 멀쩡한 파이를 그렇게 먹어?"

아들은 단칼에 떡파이 만들기를 거절했다. 아들은 깔끔하게 봉지를 뜯어 조금도 부서지지 않은 초코파이를 그냥 먹었다(역시 추억은 추억으로 남아야 하는 것이다. 떡파이 지못미).

다행히 아이의 2학년 참관수업에는 내가 갔다(3학년 때는 남편이 갔다). 아들은 연신 뒤를 돌아보며 손을 흔들었다. 아이의 발표내용은 모범적이지는 않았지만, 싱글거리는 모습에 나는 행복했다. 일하는 엄마지만, 나도 수업에 가고 싶다. 아이의 생활을 볼 수 있는 기회를 그저 흘려버리고 싶은 부모가 얼마나 될까?

그러나 기업은 좀체 고운 시선을 안 보내고, 학교 행사는 언제나 평일 낮이다. 아이를 키우며 일하는 부모에게 사회는 냉정한 것만 같다. 뒤를 돌아봐도 아무도 없어, 어떠한 응원도 받지 못하는 느낌이다. 더 이상 떡파이도 내겐 위안이 되지 않는다. 이럴 때마다 참, 쓸쓸하다.

졸린 자여,
졸음이
될지어다

잠을 자야 먼 거리도 좁아지는 거다

:: 이생진, 「잠을 자야」

　나는 '잠보'다. 그것도 매우 다각도로. 잠이 빨리 들고, 잠을 많이 자고, 한번 잠들면 잘 못 깨어난다. 나는 그중에서도 특히 잠이 빨리 드는 데 능하다. 얼마나 잠이 빨리 들던지 어릴 적엔 언니와 엄마가 도대체 이 아이는 얼마만에 잠드는지 시간을 재기도 했다. '베귀잠'. 베개에 귀만 대면 잠이 드는 이상한 능력을 가졌다며, 식구들은 놀렸다. 한편으론 은근히 놀라워했다. 요즘도 명절처럼 가족이 모일 때면 내가 얼마나 빨리 잠드는지에 대해서 이야기하곤 한다.

잠귀도 캄캄하다. 전쟁을 겪었던 엄마는 일찍이 나를 '6·25 난리 통에도 숙면을 취할 인물'로 평가한 바 있다. 그런 내가 첫아이를 낳은 뒤 밤에 아이 울음소리에 젖을 먹이러 일어난 것을 보고 엄마는 (내가 무안할 정도로) 깜짝 놀랐다.

여하튼 이런 잠보라서 수험생 시절엔 고생도 많이 했다. 고등학교 때 기숙사 생활을 했는데, 나는 3학년 때도 기숙사 전체에서 제일 먼저 자고 제일 늦게 일어나는 그런 학생이었다. 그럼에도 불구하고 나는 타고 난 건 어쩔 수 없으므로 이런 체질이 원망스럽다거나 그렇지는 않았다. 나의 아들, 그를 만나기 전까지는.

아들은 잠에 있어서는 나와 대척점에 서 있는 인류 중 한 명이다. 갓난아기 시절부터 잠이 매우 적었다. 예민해서 잠도 쉽게 못 들었다. '베귀잠'은 언감생심. 한 시간을 달래면 겨우 30분을 자고 일어나는 무자비한 수면 시간에 나의 영혼은 황야에서 나부꼈다.

사실 30분이라도 자면 다행이었다. 겨우 재워놓고 설

거지라도 할라치면 작은 달그락거림에도 잠을 깼다. 그래서 나는 그때부터 아이가 잘 때 옆에서 같이 잤다. 여기서 함정은 항상 내가 더 길게 잔다는 사실. 아이를 재울 때도 내가 부르는 자장가에 내가 재워짐을 당하는 경우가 태반이었다(내가 불렀지만 정말 〈로렐라이 언덕〉 급이었다는……).

그래도, 그래도, 그래도, 언젠가는 아이가 스스로 자는 날이 있겠지. 세수를 마치고, 둥근 보름달처럼 예쁜 얼굴로, 곰돌이가 그려진 귀여운 잠옷을 입고 '엄마 아빠 안녕히 주무세요.' 기특한 인사를 한 뒤 자기 침대로 쏙 들어가서 쌔근쌔근 잠드는 날이…… 아직도 안 오고 있다.

특히 아이가 1학년이 되었을 때 이 문제로 나는 무척 괴로웠다. 여덟 살이라는 아들의 나이. 내가 그렸던 그림과 현실은 달라도 많이 달랐다. 아이는 여전히 혼자 잘 생각을 하지 않았다. 다섯 살인 딸은 물론이고. 아이들은 잠이 들 때 꼭 나를 수면 인형처럼 끼고 자야 직성이 풀렸다.

사실 학교에 들어가던 그해, 나는 아이에게 이제 혼자 잘 수 있겠느냐고 물었다. 그랬더니 "응. 2층 침대가 있으면 혼자 잘 수 있어"라고 자신감 넘치는 목소리로 답했다

(그전까지는 바닥에 요를 깔고 아이 둘을 재우곤 했었다).

아들의 말을 철석같이 믿고 나는 용감하게 10개월 할부로 침대를 구입했다. 그러나 남은 건 나의 하찮고 무모한 용기와 카드 할부 잔액뿐이었다. 할부가 다 끝날 때까지는 물론이요, 지금까지도 2층 침대는 그냥 놀이터 신세를 벗어나지 못한다.

외국 영화에서는 침대에서 머리만 몇 번 쓸어주면 애들이 혼자서 잘만 자더만, 이게 어찌 된 일이란 말인가. 왜 때문에 우리 아이들은 꼭 엄마를 끼고 자려고 하는 것일까.

물론 2층 침대에 자는 사람이 있기는 하다. 나의 남편. 어린이들이 자야 하는 침대의 1층에는 부부용 침실에서 피난 나온 나의 남편이 잔다. 그리고 비워진 안방의 커다란 침대에서는 아이들과 내가 함께 잔다. 가끔 어린이용 침대를 가득 채우는 남편의 거대한 몸을 보거나 10개월 내내 계속되는 할부 내역을 이메일로 받아 볼 때마다 괜히 가슴 한구석이 쿡쿡 쓰린 것은 어쩔 수 없었다.

커다란 침대에서 나는 중앙에서 공평하게 자야 한다. 큰아이와 작은아이 사이에 꼭 끼어서. 아이들은 나의 팔을 하나씩 가지고 잔다. 나는 중간 자리에서 벗어날 수 없다. 왜냐하면 그것은 사랑의 균형이 무너지는 것과 동일하기 때문이다. 딸 옆에서만 잘 경우 나는 딸만 사랑하는 편애 엄마가 되고, 아들 옆에서만 잘 경우 아들만 위하는 미운 엄마가 된다. 그래서 나는 잘 때도 최대한 공정한 자세를 유지하며 아이들이 잠들기만을 기다린다. 둘째는 그나마 나의 피를 조금은 이어받았는지 비교적 쉽게 잠이 든다. 그러나 아기 시절부터 잠이 적었던 첫째는 뒤척이는 시간이 길다.

아이들과 함께 자는 것 자체는 문제가 아니다. 그러나 이렇게 되면 나는 퇴근 뒤 거의 아무것도 할 수 없었다. 예를 들면 지금처럼 글을 쓴다거나, 일을 위해 필요한 자료를 본다거나 하는 결심들을 제대로 지키지 못하는 경우가 많았다.

물론 아이를 재워놓고 다시 일어나는 방법도 있다. 그렇지만 마흔이 된 지금도 나는 예전만큼은 아니지만 제법 빠른 속도로 잠이 든다. 아이를 재우기 위해 누우면 '잠들면 안 되는데…… 잠들면 안 되는데…… 는데……' 라는 마음의 소리는 가물거리며 아득해지고 꿈나라행

KTX에 타버리는 경우가 많았다.

지난해는 여러 가지 일로 바빴고, 신경이 곤두서 있었다. 하루는 꼭 처리해야 하는 자료가 있어 아들이 잠들기를 기다렸다. 그런데 그날따라 아들은 뒤척이며 잠을 이루지 못했다. 10분이 지나고 15분이 지나도 잠들 기미가 안 보였다. 꿈나라행 KTX에 자꾸 발을 올리는 나를 간신히 억류시키고 기다렸지만, 계속 뒤척였다. 그렇게 얼마나 더 기다렸을까. 어둠 속에서 멍하니 천장만 바라보며 시간을 보내던 내 속에서 갑자기 짜증이 부글거리기 시작했다. 결국 오늘 밤도 해야 할 일을 하지 못할 수도 있다는 조급함에 부글거림은 더욱 강렬해졌다.

그러면서 도대체 나는 언제까지 너의 '수면 인형' 노릇을 하면서, 그나마 나에게 남겨진 손바닥만 한 개인 시간마저 너에게 희생해야 하는가 하는 억울한 목소리가 목구멍을 치고 올라왔다. 그리고 부글거림은 기어코 나를 타고 넘었다.

"너 왜 이렇게 안자? 넌 엄마가 고생하는 게 좋니? 이젠 혼자서 잘 나이잖아. 이렇게 꼭 엄마를 끼고 자야 해? 너 때문에 엄마는 아무것도 못하잖아. 그리고 너 나중에

키 안 크면 엄마 원망하지 마라. 일찍 자지 않은 네 탓이 니까."

나의 말은 앞뒤가 맞지 않았고, 아이에게 돌리는 비난의 화살은 시간과 장소와 방향을 완전히 잘못 잡고 있었다. 그것을 나는 알고 있었다. 머리로만. 입은 말을 듣지 않았다. 머리는 서둘러 내가 말하는 걸 거둬 담으려고 하는 것 같았지만, 입의 속도가 머리의 속도를 앞질렀다. 결국 아들은 눈물이 그렁그렁해졌.

눈물을 보는 순간 언제나 그렇듯 후회가 철썩이며 나를 때렸다. 나는 사과를 했다. 엄마도 너무 힘들어서 어쩌다 보니 그런 말이 나와 버렸다고. 아들은 이해한다는 제법 어른스러운 말을 했고, 그날 우리는 다시 잠들기에 대해 누워 두런두런 이야기를 나누다 함께 꼭 안고 잠이 들었다(물론 다음날 새벽에 일찍 일어나서 겨우 일을 마저 끝마쳤다).

그 뒤로도 1년이 더 넘었지만 나는 여전히 수면 인형 신세다. 다만 밤의 풍경은 다소 바뀌었다. 예전 에는 내 마음속에서 쉽게 날이 섰던 밤 시간이 다소 느긋하게 바뀌었다. 같이 누워도 아이가 얼마나 뒤척일까 신경을 곤두세우지 않는다. 졸리면 그냥 아이 옆에서 자기 때문이다.

어느 날 아이와 함께 누워서 허공을 바라보다가 나는 갑자기 깨달았다. 나는 졸린 데, 너무 졸린 데, 안 자려고 왜 이렇게 버둥대나. 할 일은 차라리 아침에 일찍 일어나서 하면 되는 것 아닌가? 아이를 어서 재워야 한다고 조급하게 굴다 보니, 나도 아이에게도 탈이 생기지 않던가. 동동거리는 마음은 너무나도 쉽게 분노로 번지지 않던가(물론 나는 처절한 저녁형 인간이다. 그러니 일찍 일어나는 일은 올빼미가 수탉의 스케줄을 소화하는 것만큼 힘들었다).

그래서 졸리면 그냥 졸음이 되어 자기로 했다. 예전에 법정 스님이 어느 불경에서 인용하시길, 더울 때는 그냥 본인이 더위가 되고, 추울 때는 그냥 추위가 되면 힘든 것이 사라진다고 하셨다는데, 나도 그렇게 되어야 한다고 나름 결론을 내렸다(한밤중 침대에 누워 이 같은 생각에 이르렀을 때, 나는 스스로가 대오각성한 것 같아 뿌듯했다. 물론 낮이 되어서는 이것이 그저 동물적 본능에 충실하자는 게으른 해결책에 불과한 것임을 깨달았지만 말이다).

여하튼 그렇게 마음을 바꾸니 아이에게 화를 낼 일도 적어졌다. 사람의 마음이라는 게 참 신기한 무엇이다. 그래서 나는 요새는 그냥 냅다 잔다. 그러다 보니 행운의 날도 있다(비록 1년에 몇 차례 안 될지라도). 아이들이 5분 만에 잠들기도 해 남편과 맥주로 축배를 들 수도 있었다.

여전히 아주 가끔은 아이들이 혼자서 잠옷 입고 자기들 침실로 가는 시대의 도래를 꿈꾸기도 하지만, 그래도 기다리련다. 느긋하게. 기다리는 부모가 멋진 부모라고 언젠가 육아서에서 읽은 것 같다. 나는 잘 기다리는 부모가 되겠다고 매일 어두운 밤 천장을 보며 다짐해 본다(물론 다짐하기 전에 곯아떨어지는 날이 훨씬 더 많다). 가끔은 옆에서 뒤척이는 막내보다 더 빨리 알딸딸한 수면의 기운을 느낄 때면 생각한다. 그래, 졸린 자여, 졸음이 되어라.

노르웨이
고등어

"날지 않는 돼지는 그냥 돼지일 뿐이야."

:: 〈붉은돼지〉

"이게 바로 노르웨이에서 온 고등어래요. 한번 잡숴 봐요."

걸쭉한 사투리를 뱉으며 아저씨가 내놓은 것은 바로 길쭉한 노르웨이 고등어였다. 어린 시절, 내가 가장 매혹적으로 느꼈던 바로 그 물고기.

예전에 우리 집에 세 들어 살던 아저씨의 직업은 원양어선의 어부였다. 몇 개월씩 집을 비우는 경우가 많았지만, 아저씨의 방 주위에는 언제나 옅은 생선 비린내가 배어 있었다. 내가 열 살 무렵이던가, 어느 날 아저씨는 우리 집에 노르웨이산 고등어를 몇 마리 선물했다. 먼바다를 다녀오면서 가져온 선물이라 했다. 지금이야 흔해졌지만, 당시만 해도 머나먼 지구 저편에서 온 고등어는 흔치 않았다.

한국 고등어보다 긴 몸통, 그리고 우리가 보던 고등어에 약하게 우유를 탄 것과 같은 묘한 줄무늬까지. 온몸으로 이국의 분위기를 풍겼던 그 고등어는 내 맘에 쏙 들었다.

사실 내가 빠졌던 것은 고등어 자체라기보다는 먼 곳에 대한 동경이었던 듯하다. 원양어선을 타고 세계를 돌아다녔던 아저씨의 이야기를 들으면서, 언젠가는 나도 배를 타고 세계 일주에 도전해 보겠다고 결심했었으니까. 열 살 전후의 나는 마크 트웨인의 소설에 등장하는 아이들처럼 내가 사는 여기가 아닌 다른 곳을 모험하는 꿈을 자주 꾸었다. 그래서 택한 직업이 바로 기자였다.

'윤 기자'. 몇 번의 낙방 끝에 얻은 나의 사회적 직함이었다. 글 쓰는 것이 좋았고, 사회 문제에 관심이 많았다. 그래서 예전부터 언론계가 적성이려니 생각했다. 마침내 기자라는 직함을 얻었을 때는 강에서 바다로 들어서는 어귀에 닿은 것만 같은 느낌이 들었다. 묘한 긴장과 설렘이 함께하는 그런. 그러나 어린 시절 내가 꿈꾸던 고등어 옆에는 자식과 남편이라는 변수는 없었다. 그리고 그 변수가 인생의 모든 길을 바꿀 것이라고는 상상하지 못했다.

큰아이가 돌이 된 뒤, 남편은 중국으로 1년 발령을 받았다. 나는 혼자서 아이를 키우며 회사에 다녔다. 그렇게 몇 개월이 지났을까. 어느 날 전화기 너머로 들려오는 남편의 목소리는 무척 들떠 있었다.

"여보, 나 중국으로 발령 났어."

1년여에 걸친 파견 생활을 마치고 귀국한 지 채 한 달도 안 된 시점이었다. 이전에 파견 갔던 지역에 다시 4년 주재원으로 선발된 것이었다. 갑작스레 상부에서 의사를 타진해왔다고 했다.

남편은 나에게 괜찮겠냐고 물어왔지만, 마음속에는 이미 대답이 정해져 있는 듯했다. 경쟁이 치열한 주재원 자리는 회사원의 로망 아니던가. 그야말로 '넝쿨째 굴러

온 기회'였다. 결혼 직후부터 몇 년간 회사 적응 때문에 힘들어하던 남편을 봐온 나였다.

과연 반대를 할 수 있었을까? 집으로 돌아와 기뻐하는 남편 앞에서 차마 말을 꺼낼 수가 없었다. '그럼, 나는?'

결국 남편은 혼자 떠났다. 당시에도 나는 퇴사를 생각하고 있지 않았다. 몇 년간 준비해 뒤늦게 얻은 직장이었기에, 그리고 첫아이 육아 때문에 적응이 늦었던 직장이었기에 그만둘 수 없었다. 입사 동기들과의 업무 경력 격차도 계속 벌어지고 있어 더 초조했다. 그러던 차에 둘째 아이 임신 사실을 알게 되었다. 지금 생각하면 미안하지만, 당시 둘째의 임신은 나에게 축복이라기보다는 충격이었다. 며칠 밤을 제대로 자지 못했다. 누군가는 말했다. 만약 둘째를 낳는다면 결국 회사를 그만두게 된다고.

사실 당시 나의 상황은 좋지 않았다. 남편이 한국에 없었을 뿐만 아니라, 주변에 도움을 줄 만한 이도 없었다. 친정엄마는 건강이 좋지 않았고, 시어머니는 당신의 친정 부모를 부양하고 계셨다. 그 와중에 저녁에는 큰아이까지 돌봐주고 계셨다.

하지만 나는 아이를 포기할 수 없었다. 결국 임신한 몸으로 혼자 큰아이를 키우며 일을 계속했다. 남편과는 매일 전화 통화를 했다. 그는 자신감이 넘쳤다. 일에 대한 자부심도 커져가는 듯했다. 그러나 하루하루 홀로 육아에 허덕이는 나의 어깨 위에는 피로만 커져갔다.

둘째 출산 후 3개월의 출산휴가와 1년의 육아휴직을 받았다. 둘째 아이가 4개월에 접어들 무렵, 나는 드디어 남편이 홀로 일하는 중국에 갔다.

무려 2년 만의 재회였다. 가족이 온전하게 모인 뒤 가장 큰 변화를 보인 것은 큰아이였다. 예전에도 한 달에 한 번씩 아빠를 보기는 했지만, 돌이 지난 뒤부터 무려 2년간 아빠와 떨어져 있었던 아이였다. 그래서일까? 아이는 아빠와의 관계에서 유독 불안감을 보였다. 지나칠 정도로 집착을 하며, 단 한 순간도 떨어지지 않았다. 심지어 화장실까지 따라가 볼일 보는 아빠 옆에 꼭 붙어 앉아 있었다. 반년여가 지나며 아이는 안정을 찾아갔다. 아빠와의 유대관계도 공고해져 갔다. 불안감도 사라지는 것 같았다.

그리고 둘째인 딸. 둘째와 남편이 잘 지내는 모습을 보는 것은 나에게 더할 나위 없는 기쁨이었다. 박완서의 소설 『그 많던 싱아는 누가 다 먹었을까』에는 자신의 오빠와 그 아이가 노는 것을 바라보는 올케의 모습이 그려져 있다. 새언니는 황홀한 듯 그들을 바라봤다고. 나는 아이들과 남편이 노는 모습을 바라보면서 그 문장을 계속해서 내 마음속에 떠올렸다. 나도 그 새언니와 같은 얼굴을 하고 있을까?

육아휴직이 끝나가는 시간이 점점 다가왔다. 한국에 돌아가야 할 시간이 가까워질수록 나의 불안감은 커져갔다. 아이와 남편이 함께 즐겁게 노는 모습을 볼 때면 행복하면서도 슬펐다. 회사에 매달려보기로 했다. 회사에서는 인력난과 형평성을 이유로 6개월의 말미를 줬다. 그러나 6개월이 늘어나더라도 남편과 아이들이 또다시 떨어져 있어야 하는 시간은 1년 8개월이었다. 큰아이의 입장에서는 학교 입학 전 유년의 절반을 아빠와 떨어져 지내야 하는 셈이 되었다.

그리고 또 하나. 한국으로 돌아간 뒤의 상황도 무척 어두웠다. 임신한 채로 혼자 첫째를 키웠던 시간이 떠올랐다. 과연 두 살과 다섯 살 아이와 함께 홀로 지내면서 나는 내 일을 제대로 해낼 수 있을까? 예전에 나를 좀먹었던 우울의 시간이 떠올랐고, 몸과 마음이 모두 심하게 병들 것 같은 두려움에 사로잡혔다.

결국 2012년에 공식적으로 퇴사를 하고 나는 모든 직함을 버렸다. '엄마'로만 살기로 결정했다. 더없는 모험이었다. 모든 모험이 늘 그렇듯 두렵기도 하고 설레기도 했다. 이미 1년이 넘는 '홀로 육아'에 많은 상처를 입었던 나는, 너무나 달콤할 뿐만 아니라 진정한 행복이 무엇인지를 가르쳐준 '가정' 속에 좀 더 머물고 싶었다.

그러나 무언가를 얻기 위해서는 동등한 대가를 치러야 한다는 등가교환의 법칙은 진리였던 것일까? 가족을 위해 택한 그 길은, 시간이 지날수록 나를 지우기 시작했다. 엄마라는 이름만 커지고, 나라는 이름은 점점 더 희미해졌다.

갑자기 내 앞에 놓인 길은 낯설고 불안했다. 다들 나를 애 엄마라고만 불렀다. 많은 이에게 기자라고 불렸던 나는 하루아침에 사라졌다. 사람들은 내가 무슨 일을 했었는지는 중요하게 생각하지 않았다. 나를 평가하는 잣대는 오로지 내 아이였다.

가끔 놀이터에 앉아서 멍하니 노는 아이들을 지켜볼

때면 결혼 전 지하철에서 들었던 대화 한 토막이 또렷이 떠올랐다. 서울 지하철 3호선을 탄 두 명의 여성은 한눈에 봐도 고급 옷차림을 하고 있었으며, 교양이 넘치는 분위기였다. 세련된 외모에 눈길이 한번 갔지만, 그 두 명이 나누는 이야기가 더욱 충격적이라 몇 년이 지나도 잊히지 않았다.

"자기, 공부 잘하는 풍수지리 있는 거 알아? 내가 이번에 그렇게 애 책상 바꿨잖아."

"정말? 그건 또 어디서 들었어?"

"누구네 엄마가 책상 위치 바꿔서 애 성적 올렸잖아."

"나도 거기 연락처 좀 알려줘."

우아한 여성들은 아주 열심히 풍수지리로 아이의 성적 올리는 법에 대해 의견을 나누었다. 두 명은 한참 열을 올리며 책상 배치에 대해 토론하다가 '우리가 이런 거 하려고 대학을 졸업했냐'며 씁쓸히 말하다가도 '그래도 어쩌겠냐'며 같이 웃으면서 이야기를 이어갔다.

놀이터에 앉아 몇 년 전 그 대화를 떠올릴 때마다 마음 한구석이 묵직해졌다. 나 역시 언젠가는 내가 아닌 아이들의 성과만으로 나를 평가받는 날이 올 수도 있다는 사실 때문에.

당시에도 나는 용도를 잃어 집안에 수북했던 내 명함을 버리지 못했다. 명함을 버리는 순간 내가 정말 사라질 것만 같은 느낌이 들었기 때문이다. 언제부터인가, 내 속에서 헤엄치던 노르웨이 고등어도 영영 죽어버릴 것만 같았다. 꿈꾸던 바다를 잊은 채, 무엇을 꿈꾸었는지도 잊은 채.

물론 지금 내 속의 노르웨이 고등어는 지느러미도 많이 다쳤고, 줄무늬도 많이 희미해졌다. 살도 붙어 무겁고 속도는 느리다. 그러나 여전히 헤엄을 치고 있다. 그 사실이 나에게는 커다란 기쁨이고, 위안이다.

나는 내 아이들도 끔찍하게 사랑하지만, 나 자신도 사랑한다. 나에 대한 사랑이 무너지면, 아이들에 대한 사랑도 자랄 수 없다. 내가 성장하지 않으면, 아이들에 대한 사랑도 성장할 수 없다. 이게 엄마로 성장하면서 내가 깨달은 것이다.

예전에는 자기를 지우고 희생하는 것이 '엄마'라는 이름이라고 생각했지만, 임신과 출산과 육아를 지나 10여 년을 돌아보면 결론은 언제나 하나다. 아이들을 사랑하기 위해서는 나를 먼저 사랑하고 강하게 키워나가는 것이 중요하다.

　물론 매일 내 주변에서 함께 헤엄치는 아기 고등어들 때문에 속도는 늦고, 길은 돌아갈 수 있지만, 내 속에 여전히 노르웨이 고등어를 품고 살고자 하는 이유는 바로 그 때문이다.

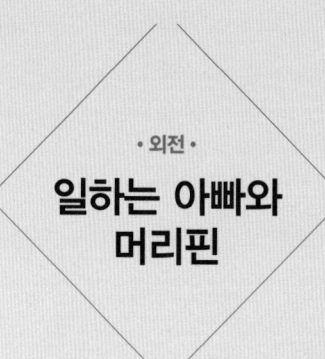

· 외전 ·
일하는 아빠와 머리핀

"오늘 기분 좋아?"

"응, 기분 정말 좋아. 머리가 예쁘잖아."

안 그래도 고운 딸아이의 작은 얼굴에 환한 웃음이 번졌다. 들릴락 말락 한 콧노래까지 부르는 모습이 한껏 부풀어 오른 치마와 잘 어울렸다.

그날은 친정엄마가 올라와서 딸아이에게 5:5 가르마에 상큼달콤한 양 갈래머리를 해준 날이었다. 외할머니가 올 때만 할 수 있는 귀하디귀한 캔디 머리와 아끼는 분홍색 드레스를 한꺼번에 장착한 아이는 그날 아침부터 기분이 한껏 들떠 있었다(그냥 몸에 뭐가 걸쳐져 있으면 밖으로 뛰쳐나가 뛰어놀 생각만 하던 나의 어린 시절과는 사뭇 다르다며 엄마는 신기해했다).

"그래, 정말 예쁘다. 엄마도 이렇게 묶어주면 좋은데."
"괜찮아. 엄마는 이렇게 못하잖아."
"……."

딸은 이미 알고 있었다. 지리산 반달곰 수준으로 둔한 나의 손놀림을. 내 손은 두뇌가 무언가 정교한 행동을 지시할 경우 언제나 포효를 한다. 그래서 결과물은 언제나 처참하다. 딸아이의 머리카락을 묶을 때는 그래도 최선의 노력을 다하는데, 그럴 때마다 침이 바짝 마른다. 물론 결과는 똑같다. 내 손을 잡고 집을 나서는 딸의 헤어 스타일은 언제나 산에서 방금 더덕을 캐고 나온 심마니의 그것이다.

그날 아침 외할머니의 상경으로 간만에 심마니를 탈출한 딸아이는 환한 얼굴로 유치원 문에 당도했다. 선생님들 얼굴에도 환한 미소가 번졌다.

선생님: "어머, 할머니 올라오셨구나."
딸: "네, 그래서 오늘은 머리가 예뻐요."

나: "……."

선생님: "어머니, 할머니도 잘 하시지만, 아버님도 머리 묶는 솜씨가 일취월장하셨어요."

나: "네……(역시 제 이야기는 없군요…… 또르륵)."

그랬다. 우리 집에서 딸아이 머리 묶기 기술의 숙련도는 1위 우리 엄마, 2위 남편, 그리고 3위 나다. 앞으로도 이 순위는 별로 변하지 않을 거라고 모두들 생각하고 있다. 남편의 머리 묶기 실력은 이제는 확실히 나를 앞질러 있다(사실 예전부터 이미 앞질러 있었……). 회사의 특성상 스케줄 근무를 하면서 지난 1년여 동안 아이들의 등교를 대부분 담당했던 남편은 딸아이의 머리 묶기에 특히 공을 들였다. 머리카락이 흘러내려 눈을 찌를까 봐 신경을 쓴다는 것이 남편의 말이었다(그러나 가는 곳마다 헤어 액세서리 코너를 유심히 보는 것을 보면, 사실 가슴 속 깊이 숨겨져 있던 취미와 특기를 발견한 것일 수도 있다는 생각이 들기도 한다).

스스로 머리 묶기에 도전한 뒤로 남편은 딸내미의 헤어 스타일에 특히 관심을 기울였다. 뛰어노는 딸의 머리가 조금이라도 흐트러질라치면 어디선가 실핀 통을 꺼내 아이의 머리카락을 고정시켰다. 가끔 놀이터에 함께 나간 날엔 머리카락이 흐트러져도 방해받지 않고 뛰놀겠다는 아이와 흩날리는 앞머리에 실핀을 질러주겠다는 남편의 추격전이 심심치 않게 벌어지기도 한다.

남편은 지난 1년간 아이들과 등교 전쟁을 치렀다. 내가 경험한 바에 따르면 어린아이들의 등교와 어른의 출근은 함께할 것이 못 된다. 이는 가장 짧은 시간에 가장 격렬하게 치를 수 있는 전쟁이다. 늦잠이라도 자는 날엔 (겪지도 않았지만) 6·25 전쟁 당시의 백마고지를 다녀온 기분이다. 채 말리지 못한 채 미역처럼 달라 붙은 머리를 하고 신발을 아무렇게나 신으며 현관문을 나서는 우리의 등 뒤로 남겨진 집안의 풍경도 난리 통 이후의 그것과 크게 다르지 않다.

남편은 거의 1년간 홀로 이 전쟁을 치러냈다. 그러나 몇 개월 전에 부서가 바뀌면서 더 이상 아이들을 데려다줄 수 없게 되었다. 매일매일 아침 일찍 나가서 저녁 늦게 들어오게 된 남편은 아이들과 함께하는 시간이 급격하게 줄었다.

"조금 멀어진 것 같아서 서운해."

얼마 전에 남편은 내게 말했다. 예전보다는 육아에서 한발 물러서게 되니, 편하기도 하지만(사실은 이 마음이 9할이 아닌가, 나는 합리적인 의심을 하고 있다) 괜히 서운한 마음도 든다는 것이다. 아이들과 함께할 때는 정신없기도 했지만, 돌아보면 그리운 추억들이었다고 말했다. 목말을 태워서 아들을 학교에 보내줬던 것, 예쁜 머리핀을 꽂아서 손을 잡고 딸아이를 유치원에 데려다줬던 순간들, 그리고 평일에 쉬는 날은 아이들의 하원을 직접 맡아 놀이터에 데려다줬던 작은 일상들…….

"사실 뭐, 그동안 대부분의 다른 아빠들보다 많이 누렸지 뭐."

어쩌면 그럴지도 모른다. 아이와 일상을 나누는 아빠들을 우리 주변에서 찾기란 쉽지 않으니까.

나는 남편이 아이들과 함께했던 작은 일상의 시간이 줄어든 것이 몹시 아쉽다(실은 나에게 육아의 몫이 더 많이 떨어져서가 절대 아니라고 한다).

아이를 키우며 항상 느끼는 것이지만, 아이들과 함께한 시간은 절대 사라지지 않고 아이들의 마음속에 남는다. 지난 1년간 아이들과 더 많은 시간을 보낸 아빠이기에 아이들은 전보다 더 많이, 아빠를 부르고 아빠를 찾는다. 저녁에 함께 있다 남편이 음식물 쓰레기를 버리러 나가도, 저녁 회식이 있어 평소보다 더 늦게 오는 날도 아이들은 아빠가 어디에 있는지 궁금해한다.

머리핀을 들고 추격전을 벌였던 시간, 목말을 태우고 봄, 여름, 가을, 겨울을 함께 등교했던 시간이 아이들과 남편 사이에 보이지 않는 줄을 이어놓은 것이리라.

얼마 전 남편이 며칠 후 출장을 떠난다고 말하자 아이들은 아빠의 양팔에 매달려 우는 시늉을 했다. 그러고 나서 아빠의 가슴팍에 안겨 볼을 부비고 입을 맞췄다.

"아빠, 아빠 없으면 보고 싶어."

"아빠 얼른 다녀와."

출장을 떠나기 전날, 가족 외식. 냉면집에 가고 싶다는 아빠와 설렁탕집에 가고 싶다는 딸의 의견이 갈렸다. 물론 딸바보인 남편은 설렁탕도 역시 꿀맛이라며 설렁탕집에 갔다. 그런데, 함께 밥을 먹던 큰아이가 갑자기 내게로 오더니 살금살금 귓속말로 말하는 것이 아닌가.

"아빠가 돌아오면 그날 우리 아빠 좋아하는 냉면집에 같이 가서 축하파티 하자. 아빠한테는 비밀."

아이의 마음속에 깊이 들어온 남편을 보는 나의 기분도 괜히 뭉게뭉게 두둥실 떠올랐다. 아이들의 성장 속에 아빠가 들어와 있다는 생각이 나를 너무 행복하게 했다.

언젠가 일하는 엄마를 대상으로 한 설문 조사에서 육아 스트레스에 가장 영향을 미치는 것이 남편의 지지라는 기사를 봤다. 굳이 물리적인 도움이 아니더라도, 정신적인 지지나 응원도 큰 힘이 된다는 것이다. 남편의 지지 정도가 높을수록 아내가 느끼는 육아 스트레스는 적었다.

그래서였나 보다. 편의점 머리핀 코너마다 어슬렁거리는 남편이 나는 그렇게 보기 좋았던 것이 말이다. 하지만 여보, 인간적으로 실핀은 인제 그만 사도록 합시다.

3부

길 없는 길을 걸으며

삐죠이

스스로 자기의 어리석음을 인지하는 것만큼 훌륭하게 보이는 것은 없다.

:: 나쓰메 소세키, 「나는 고양이로소이다」

"엄마, 삐죄이 뜻이 뭐야?"

아이가 아홉 살에 접어들었을 때 침대에서 잠 잘 준비를 하던 큰아이가 내게 물었다. 나는 갑자기 가슴이 덜컥 내려앉았다. 삐, 닫다, 죄이, 입. 중국어로 조용히 하라는 뜻이다. 뜻이 입을 닫으라는 것이지, 매우 거칠게 말하면 닥치라는 뜻도 된다.

아이는 왜 갑자기 이 말이 기억났을까? 중국에서 돌

아온 지 2년도 넘었는데. 그리고 그때, 이미 4년 전이 다 되어가는 그 옛날의 기억을 왜 갑자기 떠올리는 것일까?

"조용히 하라는 말이야. 이 말이 아직 생각나?"

"응. 내가 낮잠 시간에 자다가 일어나서 말을 하면, 선생님이 삐죄이 그랬어. 그러면 다시 누웠어."

"그래, 힘들었겠다."

나는 갑자기 울컥해지는 목소리를 감추며 아이에게 말했다.

"응, 난 낮잠이 젤 싫었는데."

"얼른 자. 내일 또 학교 가야 하는데."

"삐죄이, 삐죄이, 삐……."

삐죄이를 몇 번 낮게 중얼거리던 아이는 한참을 뒤척이다 잠이 들었다. 침대 위에 누워서 응시한 어둠 속에는 다섯 살의 아들이 울고 있었다.

나는 첫아이가 네 살이 되는 해에 둘째를 낳았다. 그리고 다시 육아휴직을 하고서는 남편이 근무하는 중국으로 넘어갔다. 그리고 그곳에서 내가 몰랐던 또 다른 세계를 만났다. 바로 '놀이터 월드'였다.

한국에서 아이를 낳고 직장을 다니던 시절에는 언제

나 늦게 끝났기에 아이와 동네 놀이터에 가는 일이 거의 없었다. 밤에는 청소년들의 방황 및 젊은이들의 사랑을 품어주는 놀이터지만, 낮의 놀이터는 복잡 미묘한 사회적 공간이었다.

방과 후 아이들은 놀이터에 모였고, 자연히 엄마들도 함께 모였다. 나 역시 놀고 있어도 더욱 격렬히 놀고 싶어 하는 아들의 손에 이끌려 놀이터에 나갔다. 그곳에서 엄마들은 아이의 연령대별로 무리 지어 앉아 이야기를 나눴다. 나이별로 엄마들의 관심사도 다르기 때문이었다.

아이들과 처음으로 놀이터에 진출했을 때는 무척 어색했다. 다른 엄마들과의 첫인사부터 풋내기 티를 냈다. 나는 내 이름을 말하고 "성함이 어떻게 되세요?"라고 물었다. 그러자 내 또래의 아이 엄마가 가볍게 웃었다.

"우리가 이름이 뭐가 필요해요. 애기 이름은 뭐예요, 몇 살이고?"

"네? 제 이름이 안 필요…… 아… 제 아이 이름은 서진이에요 네 살."

"아 그럼, 아무개 아들이랑 동갑이네. 친구 하면 되겠네."

직장에 다니고 사회생활을 할 때는 언제나 나의 이름을 밝히고 상대방의 이름을 물었다. 그런데 놀이터 사회에서 내 이름은 만고에 소용이 없는 무엇이었다. 그저 누구누구의 엄마가 되었다.

놀이터 월드에서 대부분의 화제는 아이의 교육이었다. 잘하는 과외선생님을 소개받는 자리도, 함께 공부시킬 그룹에 넣는 자리도, 아이에게 시킬 사교육을 논의하는 자리도 놀이터가 되었다.

어느 날이었다. 놀이터에 모인 엄마 중 한 명이 "그 집 애는 뭐 시켜?"라고 내게 물었다. 그때 첫아이는 이제 막 다섯 살로 넘어가려던 시기였다. 별다르게 외국어 등의 교과 학습을 시키는 것이 없었다. 그저 태권도 정도를 가르쳤다.

"전 그냥 공부를 따로 시키는 건 생각 안 하고 있어요. 너무 어린 것 같아서요."

그러자 엄마들 중 한 분이 조그맣게 말했다.

"자기 애가 뒤떨어져 봐야 정신을 차리지."

놀이터에서 노는 아이들의 소리와 뒤섞여 있었지만, 분명히 들렸다. 나는 내 귀를 의심하면서 그쪽으로 얼굴을 돌려 '네? 지금 뭐라고 하셨어요?'라고 물어보고 싶었지만, 안 그래도 슈퍼 A형으로 소심한 마음의 소유자인 나는 엄두를 내지 못했다. 그저 다른 곳을 쳐다보며 못 들은 척했다.

그러던 와중에 다른 한 분이 또 말씀하셨다.

"일하던 엄마라 그런지 신경을 잘 안 쓰네. 그래도 애들은 시기마다 제때제때 신경 써줘야지. 안 그럼 딴 애들은 다 앞서가는데 뒤처지기 금방이다. 중국어라도 시켜. 중국 왔는데 아깝잖아."

처음에는 그냥 흘려들었던 말이었다. 언제나 나는 모국어를 완전히 배우는 것이 먼저라고 생각했다. 그러나 매일매일 놀이터에 나갔고, 매일매일 다른 아이들이 무엇을 배우는지, 얼마나 늘었는지에 대한 이야기를 들었다. 중국에 온 지 1년 정도 지난 시점, 나는 서서히 흔들리고 있었다.

'혹시 내가 지금 좋은 교육의 기회를 놓치고 있는 것은 아닐까?'

가슴 속에 작은 싹처럼 솟아올랐던 생각은 어느새 내 머리를 넘어 무성한 풀숲을 이룰 정도로 자라 있었다. 결국 아이를 중국 유치원으로 보내는 쪽으로 마음이 기울었다. 밖으로는 아이의 인성교육이 먼저라고 했지만, 이미 무성해진 욕심을 베어내지 못했다. 중국에 온 기회를 놓치고 싶지 않다는 생각이 들었다. 더불어 내가 아이의 교육에 무심한 엄마가 아니라는 것을 증명하고 싶은, 내 아이가 잘하는 것을 보여주고 싶은 생각이 들었다.

결국 아이를 한국 어린이들이 많이 다니던 유치원에서 중국 유치원으로 자리를 옮겼다. 아이는 새로운 유치원을 유독 싫어했다. 그러나 어디서나 적응을 잘하는 아이였기에, 이번에도 그러리라 믿었다. 주변 엄마들의 격려도 이어졌다.

"그래, 잘 생각했어. 여기서 중국어 챙겨 가면 그게 남는 거지 뭐."

그리고 몇 개월이 지났고, 아이는 정말 중국 어린이처럼 말하기 시작했다. 빠른 언어 습득에 다른 사람들의 부러움이 이어졌다. 나는 나의 선택에 만족하며 하루하루를 지냈다. 그러던 어느 밤이었다. 함께 잠자리에 누운 아이가 내게 말했다.

"엄마, 나는 교실에 들어갈 수 없어."

"응? 그게 무슨 소리야?"

"나는 다른 방에 혼자 있어."

나는 너무 놀라 형광등을 다시 켜고 아이에게 물었다. 남편 역시 놀라 아이에게 물었다. 그러자 아이는 다른 아이들이 공부할 때 자신은 언제나 다른 작은 방에 갇혀 있다고 했다. 그리고 창문 너머로 다른 아이들이 공부하는 것을 봐야 한다고.

"응? 그럼 선생님이 널 가둔단 말이야?"

"응. 나는 공부에 방해된다고 그랬어. 그래서 혼자 있어서 슬펐어."

"선생님이 어떻게 했어?"

"소리 지르고 방 안에 혼자 나를 뒀어. 울면서 나가겠다고 했는데 문을 안 열었어."

"많이 울었어?"

"응. 많이 울었어."

너무 놀라 가슴이 진정되지 않았다. 아이의 말에 따르면 유치원에서 아이를 종종 어딘가에 혼자 가둬 놓는 것이었다. 내가 없는 곳에서 아이가 일종의 학대를 당했을 수도 있다는 생각이 들어 너무도 무서웠다.

아이를 안고 울고 또 울었다. 나의 욕심 탓에 이런 일이 생긴 것만 같아, 가슴이 무너지는 것 같았다. 다음날 날이 밝자마자 유치원에 찾아갔다. 아이는 선생님을 보고 싶어 하지 않았다. 교무실에 아이를 맡기고 담당 선생들에게 따지러 갔다.

자초지종은 이랬다. 다소 자유로운 한국 유치원과는 달리 내가 아이를 보낸 중국 유치원은 규율이 매우 엄격했다. 자유로운 활동보다는 아이들을 앉혀 놓고 고대 시조를 외우게 하거나 공부를 시켰다. 한국 유치원에서도 정적인 활동을 싫어했던 아이는 당연히 중국식 수업에 적응하지 못했다.

그러자 선생들은 벌로 만으로 네 살밖에 안 된 아들을 다른 방에 가둔 것이다. 혼자 창밖만 내다보며 울었을 아이를 생각하니 다리에 힘이 풀렸다. 선생들은 사과를 했지만 눈물은 그치지 않았다.

울음 섞인 목소리로 선생들에게 "아이가 잘못했을 수도 있지만, 어떻게 아이를 가둘 수 있느냐. 그것도 그렇게 오래! 당신들을 믿은 내가 바보다"라고 소리를 질렀다. 모국어가 아닌 중국어였지만, 피를 토하듯 말이 끊임없이 나왔다.

그러나 사실, 그날 아이의 손을 잡고 터덜터덜 집으로 돌아오면서 나는 그 지난 몇 개월을 만들었던 나 때문에 가슴이 무너졌다. 아이에게 중국어를 가르치겠다는 욕심만 앞서서, 아이가 지내야 했던 환경을 제대로 파악하지도 못한 것 아닌가. 그래서 결국 아이의 마음을 할퀴어 놓지 않았던가. 매일매일 늘어가는 아이의 중국어에만 신경을 쏟았지, 아침마다 가기 싫어하는 아이의 투정에는 무심하지 않았던가. 엄마의 욕심을 앞세우지 않겠다, 아이가 행복하게 클 수 있도록 도와주겠다, 그런 허울 좋은 다짐들만 많이 했지, 실제로는 내 욕심 속에 아이를 가두지 않았던가.

그 사건 이후로 나는 나름의 원칙을 정했다. 아이의 투정을 흘려듣지 않겠다는 것이 그것이었다. 아이의 앞날을 위한다는 구실로, 엄마가 아이보다는 모든 것을 더 많이 안다는 오만으로, 나의 욕심의 틀에만 갇혀서 귀를 막지 않겠다는 것이었다.

게다가 아이들은 자신이 당하는 불합리한 상황에 부딪힐 때, 부모에게 바로바로 직접적으로 이야기하지 않는다는 것도 알았다. 그저 짜증으로, 투정으로 자신이 힘든 것을 호소하는 경우도 있다는 것을 알았다. 물론 아이가 거짓말을 할 수도, 꾀를 부릴 수도 있지만 아이의 마음속 고통을 반영할 수도 있는 불만들에 세밀하게 귀를 기울이자 생각했다.

물론 학교에 들어간 뒤 아들이 늘어놓는 놀이 시간 **부족론**(수업 시간이 40분이면 쉬는 시간도 40분이어야 하는 게 공정하지 않냐는 불평), **장난감 부족론**(반 친구 중 일부는 일주일에 하나씩 장난감을 득템한다며 나에게 장난감 구입을 재촉), **체력 부족론**(놀 때는 괜찮다가 숙제를 하는 순간만 긴박하게 떨어지는 체력) 등 나의 뒷목을 뻐근하게 하는 불평과 불만들도 넘쳐난다.

가끔 아이의 투정이 너무 심해지면 뒷목이 뻐근한 것을 넘어서서 뒤통수에서 수십 발의 미사일이 발사되는 느낌이 들 때도 있다. 그래도 최대한 내가 놓치고 있는 것은 없는지, 귀담아들으려고 노력한다. 나는 절대 삐죄이, 아이의 입을 닫게 했던 그 경험을 잊지 않으리라 결심했기에. 그때는 정말 너무 슬프고, 그리고 너무 무서웠다.

순풍에
돛단배도
외롭다네

"난 너에 대해서 알고 싶은 게 정말 많아. 그렇지만 조금씩 알아 나가고 싶어. 천천히 스스로 찾고 싶어."

::〈추억의 마니〉

    눈앞에 있는 딸아이는 내게 등을 보이고 있었다. 소파 위에 납작 엎드려 누운 아이의 작고 동그란 등에는 서러움이 가득 묻어 있었다. 나는 손을 내밀어 가만히 쓸어주려 했지만, 작은 손이 나와 '탁' 하고 내쳤다.

    "싫어. 만지지 마."

    언제나 귀엽던 목소리. 엄마 사랑해. 엄마 안아줘. 엄마 좋아. 달콤한 구름처럼 속삭이던 목소리는 울음기를 가득 담은 채 뾰족하게 나를 밀어내고 있었다.

"엄마가 미안해. 엄마가 이야기해줄게. 왜 그랬는지."

"하지 마. 이야기하지 마. 난 다 알고 있으니까. 엄마가 왜 그러는지."

아이는 가슴에 품었던 원망을 토해내듯이 소리쳤다. 딸아이가 이렇게 화를 낸 적은 단 한 번도 없었다. 가끔 화를 내기는 했지만, 거의 5초 만에 풀리던 순하디순한 아이였다. 언제나 봄바람처럼 따뜻하고 밝은, 그런 아이였다.

"다 알아? 엄마가 무슨 이야기 할지?"

"그래! 엄마는 또 오빠가 학교에서 힘들어서 오빠랑만 이야기했다고, 이해하라고 할 거잖아."

그랬다. 둘째는 정말 알고 있었다. 내가 하려던 이야기를. 내가 하려던 설득을. 그러나 그 설득의 내용도 소용없을 만큼 아이는 슬프고 화가 나 있었던 것이다.

그날의 발단은 양치질이었다. 나는 아이들에게 양치를 하라고 시켰고, 모범생 제왕 둘째는 언제나처럼 군더더기의 잔소리가 없어도 가서 양치를 하고 돌아왔다.

그러나 첫째는 몸이 너무 피곤하다며 좀 누워 있다가

양치를 하겠다며 침대 위에서 뒹굴뒹굴하고 있었다. 당연히 나의 잔소리는 다시 시작되었다. 안 그래도 영구치에 충치가 많이 생기지 않았냐. 치과에 가면 엄마가 돈을 더 써야 한다. 그러면 너에게 신상 터닝ㅇ카드가 돌아올 확률이 더욱 줄어든다 등등. 첫째가 '그래? 우리 집 전 재산이 내 충치 때문에 줄어들어? 장난감도 못 사고?'라면서 슬슬 설득될 무렵이었다. 그런데 양치를 마치고 온 둘째의 얼굴이 억울함으로 잔뜩 찡그려지는 게 아닌가.

"맨날, 맨날, 나만 양치 다 하고 오고. 엄마는 또 오빠랑만 이야기하고. 엄마 미워."

"그게 아니라, 오빠한테 양치하라고 잔소리하고 있었어. 그리고……."

"몰라, 엄마는 맨날 오빠랑만 이야기해. 나는 싫어하고."

아이는 서럽게 울면서 방을 뛰쳐나갔다. 한 번도 터지지 않았던 작은 화산의 폭발에 나는 어리둥절했다. 방바닥 위에 후드득 떨어진 눈물에 나는 이번 폭발이 예사롭지 않다는 걸 직감했다.

터진 화산의 분화구에서는 눈물이 계속 흐르고 있었

다. 멀어져 가는 딸을 따라갔지만, 쉽게 곁에 있을 수가 없었다. 엉거주춤한 추격전이 10분 정도 계속되었을까. 지친 작은 화산은 마침내 소파 위에 멈춰 섰다. 그리고 납작 엎드려 얼굴을 묻었다. 지금쯤은 괜찮겠지, 달래려고 손을 내밀었지만 통통한 작은 손은 다시 나를 쳐냈다. 내가 도대체 어떻게 달래야 할까. 나의 천사. 나의 귀염둥이. 나의 '순풍에 돛단배'.

아직 화가 안 풀렸는지, 다소 크게 아래위로 들썩이는 등을 보면서 이전 일이 떠올랐다. 퇴근하고 돌아온 어느 저녁, 딸아이가 갑자기 말을 꺼냈다.

"엄마, 나 유치원 친구들이 자꾸 괴롭혀."

"응? 그게 무슨 소리야? 누가?"

지난해 초였다. 여섯 살 딸아이의 갑작스러운 이야기에 나는 거의 천장까지 껑충 뛰어오르며 놀랐다. 이게 무슨 소리더냐. 유치원에서 상위 1퍼센트의 모범생으로 칭찬이 자자한 딸에게 어떻게 이런 일이 발생한단 말인가? 게다가 배려의 아이콘으로 칭송받고 있다는 소리를 불과 몇 주 전에 들은 것 같은데. 나는 입이 말랐다. 딸아이의 눈앞으로 바싹 다가가 물었다.

"무슨 일이야? 누가 괴롭혀, 우리 이쁜이를?"

"그게…… 저번에 반 친구 몇 명이 나를 괴롭혔어."

"어떻게 괴롭혔어? 때렸어?"

"그게…… 응…… 그게." 아이는 고개를 숙이고 우물우물하며 말을 이어가지 못했다.

그때였다. 뒤에서 뒹굴뒹굴하고 있던 아들이 무심한 듯 한마디 툭 던졌다.

"뭐, 이거, 거짓말 같은데. 이거 지어낸 거 같은데……"

아니야, 설마. 그럴 리가 없다고 생각하며, 나는 내 앞에 있는 딸아이에게 물었다.

"꾸며낸 거 아니지? 그런 거 아니지?"

그런데 이게 웬일인가? 고개를 숙이고 있던 딸아이의 볼록한 볼에 겸연쩍은 웃음이 번지고 있는 것 아닌가. 아이는 나의 눈을 피하며, 조그맣게 말을 이어갔다.

"이게, 그러니까 지금이 아니고…… 작년에."

"응? 작년에? 정말? 지금이 아니고?"

"응. 정말이라니까? 엄마는 지금인 줄 알았어?"

아이는 자신의 거짓말이 들켰다는 것이 쑥스러웠는

지, 한 옥타브 올라간 목소리를 내며 깔깔댔다.

괜한 소리를 한다면서 아이를 들어 안고 한 바퀴 돌리며 볼록한 배에 뽀뽀를 했다. 간지러운지 아이는 뒤로 넘어가며 톡톡 터지듯 웃었다. 아이의 배에 한참 뽀뽀 세례를 퍼붓다가 나는 문득 깨달았다. 아이가 왜 그런 거짓말을 했는지. 딸아이에게 무엇이 부족했는지를. 그것은 관심이었다. 엄마의 관심.

나의 첫째는 독특하고도 예민한 성격이다. 태어나서부터 손도 많이 갔고, 신경도 많이 쓰였다. 학교에 들어간 뒤에는 더했다. 독특하고 튀는 성격으로 초기에는 친구들과의 원만한 관계 만들기가 쉽지 않았다.

학기 초반에는 매일 조마조마한 마음으로 보냈다. 아이는 친구들이 자기를 괴롭혀 힘들다고 했고, 처음 학부모가 된 나는 겁이 더럭 났다. 매일 아이를 잡고 학교생활은 어땠는지, 친구들과는 잘 지냈는지를 물었다. 아이에게 어떻게 하면 학교생활을 잘할 수 있는지에 대해 잔소리를 달고 다녔다. 잠자리에 들어서도 첫째 아이와 대화를 나누는 일이 많았다.

반면 둘째 아이는 외모가 오빠와 거의 98퍼센트의 싱

크로율을 자랑했지만, 성격은 확연히 달랐다. 신생아실의 1등 울보로 나와 친정엄마는 물론 노련한 간호사 선생님마저 쩔쩔매게 했던 아들과는 달리, 딸은 조용한 모범생 아기였다. 예전에 첫애를 낳고 읽었던 『베이비 위스퍼』라는 책에 등장했던, 당시에는 이 세상에 없는 유니콘처럼 느껴졌던 모범생 아기였다. 잘 먹고 잘 잤다. 방긋방긋 잘 웃었다.

네 살 때 약 한 달가량 무작정 가출을 하는 반항기가 있었지만, 길지 않았다. 게다가 꼼꼼함과 사교성까지 갖췄다. 유치원에선 선생님들의 칭찬이 이어졌고, 같은 반 엄마들도 딸아이의 성격을 칭찬했다. 나의 잔소리가 필요 없었다.

당연히 작은아이보다는 큰아이와 이야기하는 시간이 많았다. 물론 대부분이 잔소리였지만, 딸에게는 내용이 중요한 게 아니라 횟수가 중요했나 보다. 오빠에게만 눈길을 쏟는 엄마가 원망스러웠나 보다. 그래서 유치원에서 괴롭힘을 당한다는 자작극을 만들어낸 것이다. 물론 이는 날카로운 오빠의 지적에 걸려 무산되었지만, 그렇게 해서라도 엄마의 관심을 받고 싶었던 둘째의 마음을 생각하니 가슴 한편이 아릿했다. 그때 아이의 배에 얼굴을 더 깊이 묻으면서 더 많은 관심을 주겠노라고 다짐을 했었다. 그러나 당시 나의 다짐은 헐거웠나 보다. 지금도 이렇게 아이가 마음에 서러움을 쌓다가 폭발하게 만들지 않았던가.

지난 몇 달 동안에도 계속 이런저런 서러움이 쌓여 있었을 딸아이의 등을 보자 미안함에 눈물이 왈칵 나왔다.

"엄마가 미안해. 엄마가 잘못했어."

오빠 공부만 봐준다며 토라져 담요 밑으로 숨었던 딸아이의 모습, 나와 둘만 갔던 커피숍에서 들떠서 웃던 모습, 유치원에 데려다줄 때 자기 인사 좀 받고 출근하라며 입을 삐죽이던 모습들이 겹치면서 나는 아이의 등에 얼굴을 묻고 조금씩 울 수밖에 없었다.

나는 아이 둘을 키우면서 어느 소아정신과 의사 선생님의 말처럼 자식은 제비뽑기와 같다는 생각을 많이 했다. 제비의 성격은 천차만별이고, 키우기 쉬울지 어려울지는 순전히 운에 달렸다고. 부모는 같았지만, 두 아이의 성격은 완전히 달랐다. 아이 각각에 대한 애정의 크기는 같았지만, 드는 수고는 확실히 달랐다. 나는 둘째 아이의 크는 모습을 보면서 내가 두 번째로 뽑은 제비는 '순풍에 돛단배'라는 제비라고 생각했다(큰아이는 뭐랄까, 모터보트? 재밌지만, 많이 울렁거리는?).

그래서 나는 이렇게 생각했다. 어렸을 때부터 뽑기 운이라고는 지지리도 없었던 내게, 과자 한 봉지 더, 혹은 한 병 더 행사에서도 절대 행운의 아이템을 뽑지 못했던 내게, 드디어 이렇게 거대한 행운의 제비가 왔구나.

2011년에 찾아온 기적에 나는 너무 기뻤지만, 한편으로는 무심하기도 했다. 많은 인간이 그렇듯 이미 가진 것의 소중함을 제대로 알지 못했다. 순풍에 돛단배가 폭풍을 몰아오기 전까지는 그저 순조롭게 흘러가는 배를 바라만 보고 있었던 것이다. 그렇게 혼자 흘러가던 그 배가 외로운 줄도 모르고, 모터보트에만 마음을 뺏긴 것만 같은 엄마를 그리워하는 줄도 모르고.

그날 뒤돌아 있는 아이의 작은 등이 나를 다시 한 번 일깨워줬다. 내가 얼마나 아름답고 귀한 제비를 뽑았는지. 순풍에 돛단배, 미안해. 앞으로는 엄마가 더 많이 이야기를 나눌게. 더 많이 함께할게. 그리고 언제나 고마워.

아이의
'관심법'

마음은 빈집 같아서 어떤 때는 독사가 살고 어떤 때는 청보리밭 너른 들이 살았다

:: 문태준, 「빈집의 약속」

"애기야, 일루 와봐. 여기 배 속에 있는 아기가 남자일까? 여자일까?"

임신한 뒤 내 주변에 있는 어르신들은 종종 주변 아이들에게 이렇게 성감별(?)을 의뢰하는 질문을 했다.

우리 엄마를 비롯한 상당수의 동네 어르신들은 어린 아이에게 태아의 성별을 맞추는 특별한 능력이 있다고 믿고 계셨다. 특히 우리 엄마는 비교적 이 방법을 신뢰하는 편이었다. 예전 동네에서 아이들이 성별을 맞춘 적이 많았다는 허술한 통계가 그 근거다.

그래서 내가 둘째를 가졌을 때 고작 만 두 돌이 지난 큰 애를 붙잡고도 질문을 했었다. 초음파도 발달한 21세기에 도대체 왜 이런 질문을 하는지 도저히 알 수 없었지만, '마이웨이'로 치면 강원도 제일로 꼽히는 엄마는 몇 번이고 아들에게 성감별을 의뢰했다. 결과는?

"서진아 엄마 뱃속에 아기한테 고추가 있어? 없어?"

그러자 아들은 통통한 볼을 오물거리며 답했다.

"있쪄."

엄마는 둘째도 아들인가 보다며, 아들 둘이면 힘들 텐데, 라는 의견도 미리 내놓았다. 나는 아들의 성감별이 영 못마땅했다. 그래서 아이에게 물었다.

"서진아, 서진이 고추 있어?"

그러자 아이는 말했다.

"응. 서진이 고추 있쪄."

"엄마는?"

"엄마도 고추 있쪄. 할머니도 고추 있쪄."

그렇게 엄마와 나는 졸지에 고추 있는 사람들이 되고

말았다. 이렇게 아들의 영험성에 기댔던 성감별은 막을 내렸다.

어쨌거나 나는 아이들이 모든 것을 꿰뚫는다는 '관심법'을 별로 믿지 않는 사람이었다. 흔히 육아 책 등에서는 아무리 어린 아기라도 엄마의 우울과 기분을 모두 느낀다고 했지만, 엄마가 능수능란하게 숨긴다면 아이에게는 영향이 가지 않을 거라 내심 자신하고 있었다.

그런데 얼마 전 엄마에게 사랑을 묻는 아이에 대한 글을 읽다 문득 깨달았다. 나의 아들이 최근엔 어떤 질문을 하는 횟수가 많이 줄었다는 것이었다. 그것은 바로 "엄마, 나 사랑해?"였다.

언제부터였던가……. 아들은 참으로 끈질기다고 생각될 만큼 자주 나에게 질문을 했었다. "엄마, 나 사랑해?"

나는 당연한 것을 묻는 아들이 너무나 이상하다고 생각했다. 평소에 스킨십도 자주 하고 언제나 내가 아이에게 사랑한다는 말을 달고 사는 편인데도, 왜 그렇게 자명한 사실에 대해 궁금해할까 선뜻 이해가 가지 않았다.

나는 답했다. "그럼 당연히 사랑하지. 엄마는 세상에

서 가장 사랑하는 게 너야. 누가 엄마에게 에베레스트만 한 황금을 가져다준다고 해도 엄마는 절대 안 바꿔." 그때 아들은 "그냥 닌자고들을 동원해 에베레스트 황금만 빼앗고 '우리 아들은 못 가져갑니다!'라고 하자"라는 비윤리적인 해결책을 내놓아 나를 경악하게 만들었지만, 지속적인 나의 '사랑 확인'에 잠시 안심하는 듯했다. 그럼에도 한동안 아이의 질문은 계속되었다.

"엄마, 나 사랑해?"

그리고 정확히는 기억이 안 나지만, 아이는 언제부터인가 나에게 이런 질문을 예전처럼 자주 던지지 않았다. 나의 에베레스트 황금산 설명이 통한 것일까? 아이가 대략 언제부터 그런 질문을 하지 않았나를 가만히 돌이켜 봤다. 그렇게 가만가만 되짚은 길 속에서 내가 마주한 정답은 에베레스트 황금산이 아니었다. 바로 나였다.

아이가 나에게 "엄마, 나 사랑해?"라는 질문을 계속 던지던 그 시기에도, 나는 입버릇처럼 아이에게 사랑한다고 말했다. 물론 진심이었다. 그러나 그 속에는 미움의 조각들이 잘게 깨진 거울처럼 들어가 있지는 않았을까. 그 조각들 사이로 비치는 내 마음을 아이는 분명히 읽지 않앉을까. 시간이 오래 지난 뒤에야 나는 생각하게 되었다.

큰 아이가 다섯 살 때, 나는 퇴직을 결정했다. 무엇하나 잡히지 않는 나의 미래. 나는 넓은 세상에서 놀다가 갑자기 우물로 추락한 개구리처럼 심란했다. 그래도 가족들을 위한 결정이니, 온 우주가 나서서 '긍정 대장'인 나를 도와줄 것이라는 자세로 임했다(고 스스로 생각했다). 그러나 마음속 깊은 곳에는 아이에 대한 원망을 숨기고 있었던 것 같다.

회사를 떠나야 했던 내가 가진 아쉬움은 순간순간 아주 작은 앙금이 되어 서서히 쌓이고 있었다. 퇴직 뒤 인터넷에서 뉴스를 읽다가 동기들의 바이라인을 달고 올라온 기사들을 볼 때면, 이제는 사라진 나의 바이라인을 생각할 때면, 그 앙금의 두께는 더욱 두꺼워졌다.

한국에 돌아온 뒤 직장을 찾으면서, 도무지 출구를 찾을 수 없는 길을 헤매면서 켜켜이 쌓였던 아쉬움은 어느새 분노의 높이만큼 차올라 있었던 것일까. 아이의 작은 실수에도 나의 신경은 날카로워지고 있었다. 돌이켜 보면, 그 시절 나는 아이에게 '보상'을 요구하고 있었다.

'내가 이렇게 나의 성취를 버리고 너를 위해 이곳에

섰는데, 너는 나에게 무엇을 주고 있느냐. 아니, 무엇을 주지도 않은 채 무엇을 더 뺏고 있지는 않으냐. 내가 너를 위해 이렇게 나를 많이 퍼냈건만, 너는 시간이 가도 그 빈자리를 더욱 크게만 만들고 있다. 계속 나에게서 나를 빼앗기만 할 것이냐.'

순간순간 마음속을 스쳐 갔지만, 이내 머리를 흔들며 털어냈다고 생각했던 생각들. 사실 나는 머리를 흔드는 척만 하며, 내 마음속 깊이 숨겨 놓았던 것은 아닐까. 그리고 그것은 내 뱃속 어딘가에 뱀처럼 똬리를 틀고 앉아 내 아들을 쳐다보고 있었던 것은 아닐까, 한참 시간이 흐른 뒤에야 생각하게 되었다.

내가 화가 날 때면 독설에 가까운 말을 뱉어낸다는 것도 친정엄마가 알려줘서 겨우 자각을 했다. 한국에 돌아와서 얼마 되지 않았을 때였던 것 같다.

그날 우리는 마트의 푸드코트에서 평범하게 음식을 시켜 먹고 있었다. 휘몰아치듯 사람들은 지나가고, 음식 대기벨은 울리고, 사려던 물건을 제대로 샀는지 모르겠는 그런 날이었다. 나는 지쳐 있었고 아들은 언제나처럼 정신없이 굴고 있었다. 음식을 제대로 먹지 않고 헤집어

놓다가 결국 메밀 소바 위로 물을 와락 쏟아버렸다. 가슴 깊은 곳에서 치미는 분노가 갑자기 입 밖으로 쏟아져 나왔다.

"도대체 왜? 몇 번이야? 정신 못 차려? 애가 왜 계속 이 모양이야? 몇 번을 말해야 알아듣어? 도대체 몇 번을?"

그 순간만큼은 왠지 나는 이렇게 해서라도 아이의 버릇을 고쳐야겠다는 생각으로 가득 차 있었다. 갑자기 내가 입 밖으로 뱉은 가시에 찔린 아이는 "엄마 미안해. 내가 또……"라며 고개를 숙였다. 그렁그렁한 눈물이 이내 작은 볼로 떨어졌고, 아이는 불안한 듯 다리를 떨었다.

그때, 보다 못한 친정엄마가 말했다.

"애들이 다 그렇지. 그만 좀 해라."

엄마는 그날 내내 내가 아이를 쥐 잡듯 코너로 몰았다고 말했다. 차에 타면서도 물건을 사면서도 아이의 작은 실수를 넘어가지 못하는 것이었다. 엄마는 내가 예전보다 더 많이 아이에게 화를 내고 있다고 말했다.

"니가 키우는 자식이지만, 보다 못해 한마디 한다. 애는 너무 그렇게 몰아세우는 게 아니다."

나는 내가 비교적 잘 견뎌 나간다고 생각하고 있었지만, 내 안의 불안과 좌절은 어느새 아이에게 투영되어 있었다. 사랑한다고, 너를 누구보다도 사랑한다고 말했지만, 동시에 나는 그때 말과 행동으로 미워한다고, 너를 미워한다고 말하고 있었던 것은 아닐까?

생각해 보면 직장을 옮기고, 집과 일이 모두 안정을 찾으면서 아이에 대한 나의 태도도 어느새 조금씩 달라지기 시작했던 것 같다. 어느새 나는 내 속에 켜켜이 쌓였던 앙금을 조금씩 털어내고 있는 것일까. 엄마의 조언 이후 화를 덜 내기 위해 노력도 했지만, 아이에게 소리 지르는 일도 많이 줄었다(물론 앞서 말한 것처럼, 여전히 가끔은 아이에게 폭발할 때가 있다).

그래서일까? 언제부터인가 아들은 묻는 횟수가 확연히 줄었다. "엄마는 나를 사랑해?" 묻지 않아도 알 수 있었던 것이리라. 느낄 수 있었으리라.

"엄마, 나 사랑해?"

이 질문이 서서히 사라져 가는 길을 걸어가면서 나는 또 한 번 깨달았다. 자신이 행복하지 않은 부모는 아이에게 온전한 사랑을 줄 수 없다는 것을. 아이들에게 정말 궁

예와 같은 '미륵 관심법'이 있다면, 그것은 100퍼센트 자신을 열어 부모를 받아들이기 때문일 것이다. 땅을 막 뚫고 나와 온몸으로 햇살을 받으며, 온 힘으로 뿌리에서 물을 길어 올리며 하루가 다르게 커가는 새싹들처럼 말이다.

"엄마, 나 사랑해?"

"물론이지. 하늘만큼 땅만큼, 아니, 이 우주만큼 사랑해."

나는 나의 대답이 아이의 마음속에 깊이 뿌리내리길 오늘도 빌어본다.

내 아이의
모든 것

"저는 신과 시와 진정한 위험과 자유와 선과 죄를 원합니다."

:: 올드 헉슬리, 『멋진 신세계』

    2015년의 마지막 날 밤이었다. 그날도 나는 여느 날과 마찬가지로 한쪽엔 아들을, 다른 한쪽엔 딸을 끼고 침대에 누워 있었다.

    떠들썩한 카운트다운도 화려한 파티도 없는 일상적인 냄새와 색깔만 가득한 하루였다. 그러나 왜 그런지 딱히 아쉽지는 않았다. 그냥 이렇게 아무렇지도 않게 한 해를 보내는 것도 꽤나 간단하고 멋진 것 같았다. 내가 많이 성숙했다는 느낌도 들어 괜히 혼자서 또 뿌듯해하다가 깨달았다. 이제 나의 30대가 딱 1년 남았다는 사실을. 아이를 낳고 키우느라 보냈던 시간이 주마등처럼 스치면서 복잡하고도 뭉클한 감정이 코끝을 간질였다.

양옆을 돌아보니, 예비 아홉 살과 여섯 살이 있었다. 그 수많았던 밤과 낮, 울음과 젖과 밥과 기저귀들로 내 30대를 가득 채운 아이들이 제법 길쭉하게 커져 있는 것을 보니, 신기하기도 하면서 기분이 이상해졌다.

그러다 문득 궁금해졌다. 내 30대를 오롯이 함께한 이들, 이 아이들은 지금 무슨 생각을 하고 있을까? 다시 한 살을 먹는 자신을 어떻게 바라보고 있을까? 그래서 처음으로 아이들에게 물었다. 너희들의 새해 소원은 무엇이냐고.

소원을 묻자, 첫째는 사뭇 진지하게 말했다. "세계평화." 응? 엉뚱한 대답을 잘 내놓는 첫째였다(아이는 초등학교 1학년 때 첫 꿈이 '보통사람'이었다). 그래도 세계평화는 정말 생각지도 못한 새해 소원이었다.

"엄마는 내가 얼마나 평화를 원하는지 알고 있지? 정말 난 그런 걸 원한다구. 세상에 정말 전쟁은 없었으면 좋겠어. 전쟁이 얼마나 무서운 건지 엄마도 알고 있지? 우리나라도 6·25 전쟁이란 걸 겪었지."

그는 깊은 한숨까지 내쉬었다. 평화를 갈망하는 예비 아홉 살은 비장했다. 뭔가 추상적이고 커다란 소원이 믿기지가 않아 다시 물었다. 정말 소원이 세계평화냐고 물었다.

"전쟁이 일어나면 사람들이 많이 죽는다며. 그러니까 세계평화가 필요하지."

언제나 자신의 장난감만 생각하는 줄 알았더니, 아이는 세계와 평화, 죽음 같은 것들도 생각하는 나이가 되어 있었다. 평화를 격렬하게 사랑하는 마음이 나름 신통하고 귀여웠다. 그래도 슬쩍 그런 큰 소원 말고 너 자신을 위한 것은 없는지 물었다. 그랬더니 "내 소원이 뭐가 중요하겠어. 세계평화가 중요하지"라고 짐짓 진지하게 말했다. 그래, 알았다. 세계평화. 그리고 약 5초 뒤. "그래도 물어본다면 ○○○(터닝o카드 새 모델)을 엄마가 나에게 사줬으면 하는 게 내 또 다른 소원이야." 세계평화를 부르짖을 때와 마찬가지로 낮고 근엄한 목소리였다. 두 소원 사이에 놓인 우주만 한 간극에 웃음이 터졌지만, 분위기를 깨지 않으려 꾹 참았다.

그리고 둘째에게 물었다. 나는 속으로 막연히 예쁜 옷이나 장난감을 얻는 것이 소원이려니 짐작했다. 그런데, 딸아이의 입에서 예상치 못한 말이 나왔다.

"여섯 살이 되어도 나는 아무도 도울 수 없어." 언제나 활짝 핀 목련꽃 같던 그녀의 웃는 모습이 시들었다.

"그게 무슨 소리야? 아가야?"

갑작스러운 아이의 우울한 새해 전망에 나는 정말 깜짝 놀랐다. 도대체 아이에게 무슨 일이 일어난 것일까. 딸은 최근 자신의 가슴에 쌓였던 고민을 술술 털어놓았다(다섯 살에게 이렇게 많은 고민이 있을 줄이야).

가장 큰 고민은 키가 너무 작아서 조금이라도 높은 곳에 있는 물건은 집을 수가 없다는 것이었다. 다른 친구들보다 키가 작기 때문에 아무도 도울 수 없다는 것이었다(남들은 왜 나를 돕지 않는가? 이런 고민만 해왔던 나였기에…… 딸의 '이타적' 고민에 별다른 도움을 줄 수 없었다).

그리고 이제 여섯 살로 접어드는 그녀는 문득 깨달았다고 한다. 오빠가 매일 '이기는 게임'을 하고 있었다는 것을. 사실 그랬다. 둘이 함께 놀 때 첫째인 아들은 세 살

많은 자신의 우월적인 지위를 즐겼다. 로봇 놀이의 악당은 언제나 딸의 몫이었다. 몇몇 게임에서도 오빠에 비해 경험치가 떨어지는 딸은 번번이 졌다. 그래도 자기와 잘 놀아주는 오빠였기에 딸은 세상에서 가장 좋은 사람 중 하나로 오빠를 꼽기에 주저하지 않았다.

그랬던 그녀가 변했다. 깊이 내재되어 있던 승부를 향한 욕망이 각성한 것이다. 다섯 살 말미에 접어들면서 "맨날 오빠만 이겨!" 하면서 울음을 터뜨린 일이 부쩍 자주 발생했던 것이 떠올랐다.

이렇게 '작은' 자신에 대한 고민을 한참 늘어놓던 그녀는 결국 이름을 바꾸고 싶다는 뜬금없는 새해 소원을 내놓았다. 뭔가 사업이 안 풀리는 중년들이 내놓을 법한 새해 소원이었다.

왜냐고 물으니, 자신의 이름이 어른이 되면 어울리지 않을 것 같다고 했다(15년 뒤의 걱정은 너무 이르지 않느냐는 의견을 조심스럽게 냈으나 묵살 당했다). 그리고 개명과 더불어 운전도 하고 싶다고 했다(운전면허도 15년은 기다려야 한다고 말했으나 역시 귀담아듣지 않았다).

자신이 너무 작고 운전까지 하지 못해 속상한 나머지

그녀의 눈에는 눈물까지 그렁그렁 맺혔다. 그러면서 여러 번 이름 변경과 운전이 하고 싶다는 의지를 피력했다.

나는 두 가지 모두 10년은 넘게 걸리는 일이니 하루하루 성실하게 살아보자는 말로 아이를 달랬다. 그러나 아이의 표정은 밝아질 기미가 없었다.

결국 그녀는 자신은 여섯 살이 되어도 이룰 수 있는 게 없어서 너무 속이 상하니 내일은 마트에서 장난감이 들어 있는 초콜릿을 사달라는 결론을 낸 뒤 잠 잘 준비를 했다. 뭔가 낚인 기분이었지만, 30분간 슬픈 5년 성장사에 기가 빨린 터라 그러마 약속을 했다.

새해 소원을 말하는 시간을 마치고 나는 잠든 아이들의 얼굴을 봤다. 아이들은 키뿐만 아니라 생각의 영토도 키워가고 있다는 생각이 들었다. 그리고 그 땅 안에는 세계평화와 다른 사람을 돕는 일과 개명과 운전도 들어 있었다.

신기했다. 낯선 나라에 막 처음 발을 디딘 듯한 느낌이었다. 그동안 나는 계속 아이들을 먹이고, 입히고, 재우는 일에만 집중하고 있었다. 내게 내려진 숙제처럼. 그 숙제가 너무 버거워 다른 곳을 볼 생각은 못 하고 있었다.

아이들의 커가는 키는 보였지만, 그 뒤에서 함께 커져가는 아이들의 우주는 보지 못한 것이다.

처음 가는 땅을 밟을 때의 느낌이 그렇듯 설렜지만 살짝 두렵기도 했다. 더군다나 이 땅의 풍경은 나의 노력과도 크게 연결이 되어 있지 않던가.

그 뒤로 나는 가끔 아이들과 침대에 누워 이야기를 나눈다. 그동안은 누우면 어서 자라, 자는 게 남는 거라며 아이들을 재우기에 바빴지만 새해 소원을 들은 뒤로 잠들기 전의 이야기 속에서 때때론 아이들의 진심을 엿볼 수 있다는 걸 알았기 때문이다. 물론 때론 감당할 수 없는 질문들을 받을 때도 있지만 말이다. 얼마 전에는 아들이 이렇게 물었다.

"엄마, 인류는 왜 생겨난 것일까?"

자식이라는
'수수께끼'

그러므로 깨달은 사람은 부족하면 부족한 대로 남으면 남는 대로 모든 것을 있는 그대로 받아들인다.

:: 노자, 「도덕경」

꿈틀꿈틀. 미쉐린 타이어와 같이 울룩불룩한 아이의 팔은 쉼 없이 굼실댔다. 막 부푼 밀가루 반죽을 연상시키는 하얀 배도 위아래로 연실 치대기를 했다. 나는 숨을 죽이고 있었다.

여름날 낮은 고요했고, 침대 위에 놓인 98일 된 아들의 벌레 같은(내 자식을 두고 벌레 같다고 하긴 그렇지만, 다른 비유를 찾을 수 없었다) 움직임에 나는 온 정신을 집중했다. 태어난 지 아직 백일이 지나지 않은 인간이 몸을 뒤집고자 하는 필사의 꿀렁거림. 손에 땀이 절로 흥건했다. 아들은 태어난 지 정확히 98일 만인 그날, 뒤집기에 처음으로 성공했다. 이게 내 첫아이의 공식적인 뒤집기 기록이다. 2008년부터 지금까지 그렇다. 아니, 그랬었다.

그러나 이제야 밝힌다. 98일의 기록 뒤에는(사람들에게 무심한 듯 시크하게 자랑해왔던 이 기록 뒤에는) 떳떳하지 못한 나의 과거가 있다.

그날의 뒤집기는 사실 아이의 자력으로 된 것이 아니다. 뒤집기 위해 안간힘을 쓰며 9부 능선을 넘어가는 아들의 미쉐린 팔에 나의 손가락이 살짝, 아주 살짝(대략 장풍이라고 해도 손색이 없는 정도의) 어시스트를 넣었다. 아들은 덕분인지 그날 처음으로 완전히 뒤집기에 성공했다.

장풍 수준이라고는 했지만, 솔직해지자. 접촉이 있었다. 그러니 이날은 아이의 공식 발달 기록에서 제외하는 것이 하얀 눈과 같은 나의 깨끗한 양심에 부합한다. 그럼에도 불구하고 나는 그러고 싶지 않았다. 그냥 아주 정말, 아주 그냥 그러고 싶지 않았다. 왜냐하면 그날은 아이가 생후 98일이었고, 백일을 채 이틀도 남겨 놓지 않은 급박

한 시점이었기 때문이다. 나는 정말로 다급했다.

급했던 이유는(아이가 태어난 지 만 10년이 되어가는 시점에 생각하면) 매우 당혹스러운 것이었다. 백일 이후의 뒤집기는 자랑할 거리가 못 된다는 것 때문이었다(나는 자랑질을 유난히 좋아하는 천성을 타고났다).

일반적으로 아이들의 뒤집기는 4개월 전후로 이뤄지는 것이 자연스럽고 정상적인 것이다. 백일 전에 뒤집는 것은 흔치 않다. 그래서 당시 나는 "우리 애는 백일 전에 뒤집었어요"라고 말하고 싶었다.

아이가 백일 전에 뒤집었다고 이야기할 경우 대개 상대로부터 "아이가 발달이 빠르네" 혹은 "발달이 빠른 아이들이 똑똑하다던데"라는 반응이 나온다. 신체발달과정과 지능은 별 상관없다는 이야기도 있지만, 사실 객관적인 조사결과가 중요한 건 아니다. 그냥 사람들에게 자식을 자랑하는 게 그렇게 꿀맛이었다.

처음부터 그랬던 것은 아니었다. 그러나 정말 안 나오는 모유 탓에 육아 관련 웹 사이트나 카페 등에 자주 들어가면서 글을 읽고 남기다 보니, 묘한 경쟁심에 불타올랐다.

물론 나만 그런 건 아니었다. 발달이 빠른 아이의 부모들은 자랑인 듯 자랑 아닌 자랑 같은 육아기를 남겼다. 그러면 비슷하게 발달이 빠른 다른 아이의 부모들이 '우리 애도 그 정도는 껌이다'라는 내용을 교묘하게 희석시켜서 예의 바른 어투로 댓글을 달았다.

이런 경쟁 구도에서 발달이 다소 느린 아이의 부모들은(자신의 아이에게 전혀 문제가 없음에도 불구하고) 묘하게 주눅이 들어서 '언제쯤 뒤집을까요?', '아직 안 걷네요'라며 아이의 느린 발달을 초조해했다.

나의 경우에는 첫아이의 발달속도가 비교적 빨랐다. 내가 굳이 장풍까지 사용하지 않아도 백일을 전후에서 뒤집기를 했을 것이 분명했다. 그런데도 나는 경쟁에서 선두에 서고 싶은 욕심에 그만 나의 양심까지 배반하면서 '부정행위'를 저질렀다(목격자가 나 하나뿐인데 누가 토를 달 것인가?). 당시에는 자식 자랑 꿀 빨기가 그렇게 달 수 없었다.

그러나 그야말로 젖비린내 나는 초보 엄마였던 나는 알지 못했다. 뒤집기는 그저 시작에 불과하다는 것을. 아이는 백일이 지난 뒤에도 피라미드 조직 뺨치는 다단계의 발달과정을 거친다는 것을. 기고, 앉고, 서고, 걷고, 말하고, 읽고, 쓰고……. 그리고 커서 학교에 들어간다. 아이를 둘러싼 경쟁은 멈추는 법이 없이 속도를 서서히 높여가는 기차처럼 빨라지기만 했다. 그리고 눈치도 못 챈 채 나의 기대도 함께 달리고 있었다.

나는 스스로 생각하기에 (뒤집기를 조작하기는 했지만) '아이에게 나의 기대를 씌우지 않는 멋진 엄마', '아이가 행복한 것만을 최고로 생각하는 엄마'가 되려고 노력하는 사람이라고 생각해왔다. 그리고 그렇게 잘해온다고 생각했다. 아이가 학교에 들어가기 전까지는.

첫아이의 학교생활은 다소 경착륙이었다. 규칙을 따라야 하는 학교의 단체 생활과 아이의 기질은 잘 맞지 않았다. 아이는 학교를 별로 좋아하지 않았다. 내가 봐도 모범생의 생활과는 거리가 멀었다. 그러나 유치원 때까지는 부정적인 평가보다는 긍정적인 평가를 더 많이 받았던 아이라, 별다른 걱정을 하지 않았다.

그러나 학교에 다니는 시간이 지나갈수록 칭찬보다는 아이의 고쳐야 할 점에 대한 이야기가 더 많이 들렸다. 솔직히 나는 당황했다. 그리고 서서히 조바심이 나기 시작했다. 아이를 얼른 '고쳐야 한다'고 생각했다.

아이의 일거수일투족에 더욱 예민해졌다. 관심을 더욱 가졌다. 아니, 관심이라기보다는 감시였던 것 같다. 아이가 잘하는지 그렇지 않은지를 더욱 꼼꼼하게 봤다. 아이는 생각보다 느렸다. 나의 마음만큼 잘 따라와 주지 않았다.

그러던 어느 날 나는 결국 아이를 거세게 다그쳤다.

"도대체 왜 이렇게 학교를 다녀? 생각이 없어? 엄마가 그렇게 많이 이야기하면 좀 더 잘할 수 없어? 아니, 그런 노력도 하지 않는 거야?"

결국 아들은 울었다.

"엄마, 미안해."

마침 형광등 한쪽이 나가 다소 침침했던 거실. 아이의 교과서가 널려 있었고, 집으로 돌아와 아이의 책가방을 먼저 뒤져본 나는 회사에서 입던 옷을 입은 채 소파에 앉아 있었다. 아들의 슬픈 두 눈은 빨갰다. 그 눈과 마주치자 나의 마음은 깊게 내려앉았다. 도대체 나는 왜 이렇게 화가 났을까? 왜 이렇게 아이를 크게 다그친 것일까? 인정하고 싶지 않았지만, 이유는 하나였다. 아이가 나의 기대에 미치지 못했기 때문이었다.

게다가 나는 뒤집기에 98일이라는 이름을 붙이고 싶어 했던 것처럼, 어느새 아이의 성장에 성적표를 매기고 있었다. 그럭저럭 기대의 범주 속에 들었을 때는 수면 밑으로 가라앉아 있던 나의 욕심이, 아이가 테두리를 벗어나자마자 곧장 수면 밖으로 솟구쳐 오른 것이다.

'어머니가 직장에 다니시니까'라는 말을, '어머니가 좀 더 잘 챙겨주셔야'라는 말을, '어머니와의 시간이 부족한 것이 아닌가'라는 말을 애써 지웠다고 생각했지만, 나는 그 말들로 입은 상처를 씻어내지 못했다. 주변의 수많은 사람과 마찬가지로 나 역시 아이의 성과를 나의 성과와 분리하지 못하는 굴레 속에 갇혀 있었다.

아이에게 입학 뒤 처음으로 엄청난 분노를 터뜨린 그날, 아이의 눈물 고인 새빨간 두 눈에서 읽은 것은 '두려움'이었다. 도대체 나는 무슨 자격으로 이 아이를 이렇게 겁에 질리게 한 것일까? 나에 대한 자괴감과 후회가 밀려들었다. 결국 아이를 안고 또 같이 울었다.

그러나 그 이후 계속된 수많은 날 속에서도 나는 좀처럼 아이를 내 품에서 꺼내 하나의 사람으로 보기가 힘들었다. 교양 있는, 참을성 많은, 아이의 입장에서 생각하는, 육아서를 정독한 엄마 코스프레를 하다가도 가끔씩 '욱' 엄마와 접신하여 아이를 크게 혼내는 일들이 생겼다 (물론 이럴 경우에는 다시 후회의 쓰나미와 함께 아들과 모자 신파극을 찍는다).

내가 바라는 아들의 모습과 현실 아들의 모습이 완벽하게 일치할 수 없다는 아주 간단한 진리를 인정하기가 이렇게 힘들 것이라고는 정말로 생각하지 못했다.

나의 일부이지만, 일부가 아닌 자식은 지금도 내게는 세상에서 가장 어려운 수수께끼다. 그래도 조금씩 아이를 내 품에서 꺼내 조금은 멀리서 바라보려고 한다. 이렇게 거리를 두려고 노력이라도 하자. 그래야 실마리가 언뜻언뜻 머리카락이라도 보여주는 듯하다. 언제나 그렇듯 수수께끼는 눈앞에 놓인 단어의 의미에만 골몰해서는 도무지 풀 수가 법이다.

잊을 수 없는
두 개의 시간

태어나서 처음으로 별이 가득한 하늘을 봤을 때 얼마나 놀랐는지, 처음으로 자신의 손발을 움직였을 때 얼마나 신기했는지, 막 태어났을 때 느낀 그런 것들을 지금 하나 하나 다 기억해 내면 정말로 굉장하겠지?

::: 〈보노보노: 향기 나무의 비밀〉

1. 자금성의 10분

2011년 그날은 가을이었지만 햇볕이 유난히 따가운 날이었다. 궁궐의 넓고 낡은 돌계단 위를 나는 비척비척 걸어 올라갔다. 나무 한 그루 자라지 않는 궁궐의 시야는 막힌 곳이 없었다. 그러나 그 넓은 궁궐 마당에는 까만 머리의 사람들이 득시글거리고 있었다. 다소 더웠지만,

가을이라 조금 선선한 바람도 부니 사람들은 신이 난 듯했다.

곳곳에는 여행사의 알록달록한 깃발이 휘날리고 있었다. 여행하는 이들 대부분이 그렇듯, 그들의 목소리는 들떴고, 톤이 높았고, 결과적으로 시끄러웠다. 시끄럽고도 너무 시끄러웠다. 나는 견딜 수가 없었다. 소리를 지르고 싶어서 견딜 수가 없었다. 그만 떠들라고, 제발, 제발, 모두 입을 다물라고. 그리고 제발 내 아이를 좀 찾아달라고.

2011년 가을 자금성에서의 10분. 그 10분 동안 나는 아이를 잃어버렸었다. 내 기억엔 그렇다. 아니, 그것보다도 훨씬 더 짧은 시간이었는지도 모른다. 그러나 내 인생에서 가장 길고도 지옥 같은 10분이었다.

중국에 와서 처음으로 가족 네 명이 같이 떠났던 여행. 남편은 둘째를 아기 띠로 안고, 나는 첫째의 손을 잡고 나선 여행이었다. 기저귀와 젖병 등 수많은 짐이 따라 붙고 유모차까지 끌고 가야 했지만, 나는 여행을 간다는 사실 자체가 감격스러웠다.

둘째를 낳고 중국에 온 뒤 나는 거의 아파트 단지 속

에 갇힌 사람이 된 것만 같았다. 매일 같은 자리를 아이들과 빙빙 돌면서 보낸 시간 속에서 몸도 정신도 지쳐버렸기에 남편에게 힘들더라도 여행을 떠나자고 요청한 것이었다.

그렇게 나선 여행. 자금성을 둘러보다 잠시 휴식을 취한다고 한눈을 판 사이, 큰아이가 순식간에 사라진 것이다. 미친 듯이 아이를 불렀다. 주변에서 놀고 있는 작은 아이들의 모습이 모두 송곳처럼 나를 찔렀다.

저 아이는 저기에 부모들과 있는데, 대체, 왜, 나의 아이는 내 옆에 없는 것일까. 머릿속에서 커다란 종소리가 광광광 울렸지만 나는 내 아이의 흔적을 찾는 것을 멈출 수 없었다. 관광객에게 허용된 가장 높은 계단까지 올라가 사방을 둘러봤다. 하지만 자금성의 넓은 공간에 넘쳐나는 관광객들밖에 보이지 않았다.

그러자 나는 더욱 선명하게 깨달았다. 나는 지금 중국에 있다. 눈앞에 중국 대륙 전체가 펼쳐지는 것만 같았다. 내가 만약 여기에서 아이를 잃어버린다면, 과연 어디에서 아이를 찾을 수 있을까? 세상의 소음과 풍경이 뿌옇게 뭉개지면서 내 주변을 회오리바람처럼 맴돌았다. 서 있기조차 힘들었다.

그렇게 10분 정도가 지났을까? "여보, 서진이 여기 있어!" 남편은 내가 그렇게 기다리던 말을 하며 내게로 왔다. 기차역에서 산 고속열차 장난감을 들고 서 있는 아들의 손을 잡고서.

아이를 찾았다는 안도감. 그 기분을 무엇에 비유할 수 있을까? 아이의 작은 얼굴이 내 앞에 나타났을 때, 사시나무처럼 떨던 내 몸은 거대한 안도 속에서 녹아내리는 것 같았다. 눈물이 온몸을 적실 정도로 흥건했다. 죽음의 고비를 넘긴 이가 이와 같을까?

도대체 왜 사라진 것이냐고 물었더니, 아이는 신기한 돌계단을 따라가다 그랬다고 답했다. 엄마, 아빠가 한눈을 판 사이 온갖 문양이 새겨진 그 돌계단 뒤로 숨어들어 기차놀이를 하고 있었던 것이다. 다소 풀이 죽은 듯했지만, 네 살인 나의 아이는 자신의 부재가 부모를 얼마나 뒤흔들었는지 모르는 듯했다.

첫째 아이를 낳았던 순간보다, 나는 이 10분을 더욱 선명하게 기억한다. 눈앞에 있는 저 작은 사람, 통통한 볼이 축 늘어져서 기차를 만지작거리는 저 사람이, 내 인생의 끝을 가지고 있다는 것을 깨달은 순간이었기 때문이다. 저 작은 사람을 잃는다는 것 자체가 내 인생을 무참히 파괴할 수 있다는 것을 나는 그제야 분명히 깨달았다.

#2. 병원에서의 3주

둘째 아이는 병원의 하얀 침대보 위에서 미동도 없이 잠들어 있었다. 눈을 감고 가만히 있는 얼굴 위로 나는 익숙했던 아이의 미소를 덧붙여서 그려봤다. 매일 보던 미소인데, 잘 생각나지 않았다. 고작 몇 시간 웃는 모습을 보지 못했다고 이럴 수 있을까?

첫째와 달리 한 번도 잔병치레를 하지 않았던 둘째였다. 그런데 왜 웃지 않고 저렇게 잠만 잘까? 창백한 응급실 불빛에 아이의 입술도 어쩐지 생기를 잃은 것 같았다.

둘째는 세 살 무렵에 많이 아팠다. 중국에 살던 때였다. 중국에서는 제대로 된 진단이 나오지를 않아 애를 끓이다 결국 한국까지 비행기를 타고 갔다. 며칠째 40도 전후의 고열에 시달리던 아이는 내 팔 안에서 시든 꽃처럼 늘어져 있었다. 공항에서 바로 응급실로 달려갔고, 각종 검사가 끝나기를 기다리는 동안 나는 꼼짝 않고 잠든 아이의 얼굴만을 바라봤다. 병명은 가와사키. 얼마 후 나를 찾아온 의사 선생님의 얼굴은 심각했다.

"어머니, 아기가 많이 아파요."

중국에서 조치가 너무 늦게 취해졌고, 탈수가 너무 심하게 진행되었다는 것이었다. 그리고 가와사키병은 혈액에 염증이 생기는 병이라, 어느 기관에 손상이 갔을지도 모른다는 이야기를 했다.

휘청, 몸이 휘었다. 병원에서는 언제나 최악의 상황까지 이야기해준다는 것을 알았다. 그러나 호흡이 가빠졌다. 검사 결과를 기다려야 한다는 것을 알고 있었다. 그러나 손이, 발이, 입이 멋대로 움직였다.

"선생님, 우리 아기 괜찮겠죠? 선생님, 우리 아기 괜찮겠죠?"

의식할 틈도 없이 얼굴은 온통 눈물로 덮였다. 나는 의사 선생님의 가운 끝을 부여잡았다. 정신 나간 사람이 꼭 그때의 나 같으리라. 우리 아기는 괜찮아. 우리 아기는 괜찮아. 혼자서 중얼거리며, 나는 쉼 없이 응급실을 서성였다.

그러나 나의 바람과는 달리 상황은 악화되는 듯했다. 탈수한 것치고는 아이가 너무 오래 정신을 제대로 차리지 못했다. 등에 바늘을 꽂아 척수 검사를 해봐야 한다고 했다. 그리고 길고 긴 밤이 시작되었다. 심각한 병일 수도 있다는 검은 불안은 나를 삼켰다.

밤이 지나고 아침이 되어도 상황은 딱히 호전되지 않았다. 목 안에 커다랗게 녹슨 대못이 박힌 것 같았다. 침은 목을 타고 넘어가지 못했고, 그나마 삼킨 침에서도 시큼하고 쓴맛이 났다. 잠을 잘 수 없었고, 밥도 넘어가질 않았다.

다행히 위기는 넘겼지만, 아이의 병은 쉬이 낫지 않았다. 오르락내리락하는 열 속에서 힘겨워하는 작은 아이의 모습은 내 가슴을 거칠게 뜯었다. 게다가 몇 시간마다 계속되는 혈액 검사에 아이의 작은 혈관으로 거대한 바늘들이 들락거렸다. 자지러지듯 우는 아이의 울음이 내 몸을 산산이 부수는 것만 같았다.

그렇게 그해 봄, 아이와 나는 오랜 시간을 병실에서 보냈다. 마침내 아이의 병이 나아 병실을 나섰을 때는 매섭던 바람에 어느새 따스함이 배여 있었다. 따스해진 바람의 온도에 내 눈에서는 울컥 눈물이 솟았다.

자금성에서의 10분, 그리고 병원에서의 3주는 내가 지금까지 살아오면서 겪은 가장 힘들고 고통스러운 순간이었다. 어린 시절 엄마가 사고 뉴스를 볼 때마다 왜 사고를 당한 당사자보다 그 부모를 걱정하는지, 이 두 개의 시간을 통과하고 나서야 나는 선명하게 알 수 있었다. 이 시간을 통과하면서 나는 비로소 아이는 부모에게서 결코 떨어질 수 없는 원초적인 굴레임을 깨달았다. 어느 영화의 대사처럼, 아이를 잃은 부모에게 남은 생이란 없다.

나는 가끔 아이들에 대한 걱정과 고민으로 마음이 힘들 때면 종종 이 두 개의 시간을 떠올린다. 물론 떠올리기도 싫을 정도로 무서운 시간들이지만, 그 당시 나의 기도가 얼마나 간절했었는지를 기억해내는 것은, 흔들리는 나 자신을 다잡는 데 많은 도움을 준다. 더불어 매일 밤 만질 수 있는 아이들의 물렁물렁하고도 생생한 살의 감촉이 얼마나 고마운 것인지를 일깨워주는 기억이기도 하다.

너와 함께한 시간 속에서

토끼야
토끼야
어딜 가니

"당신은 내가 더 좋은 사람이 되고 싶게 만들어요."
::〈이보다 더 좋을 순 없다〉

    눈앞에 다리 여섯 개가 나란히 놓여 있다. 짧은 (그리고 굵은) 다리, 조금 더 짧은 다리, 그리고 제일 짧은 다리. 나와 아이 둘의 다리다. 가끔 남편의 길고 털 많은 다리가 추가될 때도 있다. 우리는 바닥이나 침대에 마주 보고 앉아 다리들을 길게 펴고 나란히 붙인다. 그리고 나의 손짓과 함께 노래가 시작된다.
    "토끼야, 토끼야, 어딜 가니. 새끼 치러 간다. 나 한 마리 다오. 싫다 뽕."

이 노래의 가사는 세 문장이요, 멜로디는 더할 수 없이 단순하다. 한 어절마다 내 손은 다리들을 순서대로 넘나든다. 그러다가 마지막 어절 '뽕'에 손이 멈춰 서면, 그 손 밑의 다리는 냉큼 접혀야 한다.

제일 먼저 두 다리를 접는 사람이 승리자가 된다. 물론 게임의 룰은 다양해서 맨 마지막에 접는 이가 승자가 되기도 한다. 나도 어린 시절에 곧잘 하기는 했지만, 구구단 0단처럼 허무하고도 간단한 이 게임은 최근 아이들이 가장 좋아하는 놀이다.

나는 지난 몇 달간 거의 매일 밤 이 노래를 불러야 했다. 한 10분 정도 부르면 토끼들이 가득 뛰어다니는 매직아이라도 본 듯 의식은 희미해지지만 멈출 수는 없다. 멈추는 순간 게임은 엉망이 되기 때문이다. 이처럼 단순하기 이를 데 없는 '토끼야' 게임에 상기된 아들과 딸을 이해할 순 없었지만, 여하튼 신나 하니 다행이라는 생각에 꽤 오랫동안 이 게임을 계속했다.

저녁이 되어서야 퇴근하는 나와 아이들이 함께할 시간은 많지 않다. 그래서일까. 아이들은 나와 함께하는 놀이 혹은 이야기 시간을 너무 아꼈다. 아무리 잘 시간이 임박했다고 하더라도, 한 번이라도 자기 전에 이 놀이를 하자고 말했다. 피곤하기는 했지만, "양치 빨리 안 하면 토끼야 안 해줄 거야"라는 식의 협박(?)을 통하게 해주는 고마운 놀이라 나름 성의껏 임했다. 이처럼 아이들과 시간을 조금이라도 함께 보내야겠다고 결심한 것은, 재작년 우연히 시작했던 '이야기의 밤'에서 시작된다.

놀이에 잠을 양보하는 아이들을 위해서 시작했던 이야기의 밤이란 내가 밤마다 지어낸 짧은 동화를 들려주는 것이었다(이 때문에 나는 한동안 창작의 고통 속에서 허우적대면서, 은퇴하는 연예인들의 심정을 이해하게 되었다고 한다).

침대에 일찍 오면 이야기를 해주겠다는 미끼로 아이들을 꾀어, 얼기설기 이야기를 지어냈다. 이름도 내 맘대로 짓고, 스토리도 어디서 막 표절해서 붙이고 자르고, 이전에 했던 이야기를 또 비슷하게 반복하기도 하고.

그런데 아이들의 반응은 의외였다. 나의 이야기를 푹신한 이불처럼 덮고 달게 잠이 들었다. 뭐지? 다른 수많은 동화를 읽어줬을 때보다 만족스러운 얼굴로 잠드는 아이들의 얼굴을 보며 나는 기분이 묘해졌다.

아이들은 나의 이야기를 너무 좋아했고, 나는 뜨거운 호응에 힘입어 이야기를 계속 지었다. 그러나 『천일야화』에 등장하는 셰에라자드도 아닌 내가, 그리고 낮에는 일을 하고 온 내가 이야기를 매일 온전히 계속 이어나갈 수 있을 리가 없었다.

한두 달 이렇게 이어졌을까? 회사 일도 바빠지고, 여러 가지 일이 겹치면서 한동안 아이들이 잠들어 있을 때 내가 오는 날이 늘었다. 이야기의 빈도는 점점 줄었다. 나 역시 아이들이 먼저 요구하지 않으면 구렁이처럼 은근슬쩍 그 밤을 넘기기도 했다. 가끔은 내가 아이들을 붙들고, 이야기 대신 어린 시절에 했던 놀이들을 가르쳐주기도 했다. 그 이후로는 공기놀이, 인형놀이 등이 몇 번 유행을 타고 지나갔다.

솔직히 말해서 나는 아이들과의 놀이에 몰입을 하기가 매우 힘들다. 어린 시절에는 나와 인형놀이를 하지 않는 언니들(나이 차이가 커서 이미 청소년이거나 성인이었다)을 보면서, 나는 절대 저렇게 아이들을 이해 못 하는 어른이 되지 않으리라 다짐했건만, 역시 사람은 무엇이든 본인이 직접 겪어봐야 하는 법이다.

물론 아이들에게 동화되어 신나게 잘 노는 어른들도 있지만, 나는 그런 재능을 가지고 태어나지 못했다. 다만 좋은 것은 놀이를 하면서 아이들이 좋아하는 모습이다. 빙글거리면서 신이 난 모습, 게임 시작을 기다리면서 얼른 양치하고 잠옷으로 갈아입는 모습. 무엇이 저들을 저렇게 신나게 만들까. 나라는 사람과 노는 게, 나라는 사람의 이야기를 듣는 게 저 두 명에게는 저렇게 기쁜 일일까를 생각해 보면 기분이 묘하다. 내가 누군가에게 이렇게 특별한 사람이 되었다는 것이.

사실 돌이켜 보면, 나에게 좋았던 기억 중 많은 조각 속에도 엄마가 들어가 있다. 엄마가 세수를 하다가 하얀 비누 거품을 잔뜩 묻히고 호랑이처럼 '어흥!' 하고 나에게 장난 걸었던 것. 햇빛 좋은 마루에서 엄마가 나의 귀를 잘근잘근 깨물어줬던 것. 엄마가 시장에서 맛있는 찐빵을 사줘서 같이 나눠 먹었던 것. 그리고 엄마가 '토끼야'를 해줬던 것.

나와의 '토끼야'도 아이들의 기억 속에 따뜻한 조각으로 남을까? 매일 일한다면서 저녁이 되어서야 돌아오는 엄마에 대한 결핍보다는 나와의 이야기가, 나와의 공기놀이가 아이들의 마음속에 더 큰 부분을 차지할 수 있을까? 나는 알 수 없는 이야기다. 지금 내 앞에 놓인 과제는 그저 조금 더 몰입해서, 조금 더 꾸준히 아이들과 공유하는 시간을 가지는 것밖에 없을 것이다.

그나마 다행인 것은 요새 아이들이 새로 몰입하기 시작한 게임이 조금 수준이 높아졌다는 것이다. 추석 때 마트에서 사 온 '원 카드' 세트가 신의 한 수가 되었다. 물론 첫째와 둘째 모두 본인들이 패배할 때 어마어마하게 생떼를 부린다는 부작용이 있기는 하지만, 그래도 예전보다는 내가 조금 몰입할 수 있는 게임이라는 게 큰 위안이다.

다만 패배에 질색하는 아이들을 위해 게임을 최대한 열심히 하지는 않는다. 한번은 아무 생각 없이 두 번 연속 내가 승리를 했다가 원 카드 훌리건의 탄생을 목격했다.

그들의 난동을 보지 않으려면 나는 이기지 않아야 하며, 동시에 이기지 않겠다는 의지를 들켜서도 안 된다. 내 생애에서 가장 열심히 포커페이스를 유지하며 게임에 임하고 있다. 가끔은 매번 지는 게임이 심심하지만, 즐겁다. 물론 나를 즐겁게 하는 것은 색깔별로 숫자별로 무리 짓는 종이 카드들이 아니다. 그 종이 카드들을 들고 자신들이 무슨 타짜라도 된 듯 눈썹을 찡그리는 내 앞의 작은 사람들, 그들의 진지하고도 작은 얼굴이다.

문어
소시지와
나

"결코 완성되지 마. 완벽하려고 하지 마. 그저 발전하자고. 부스러기들이 떨어지게 놔두라고."

:: 〈파이트 클럽〉

　옆으로 조금만 더 조금만, 이런, 젠, 입에서 욕이 폭발할 뻔했다. 또 실패했다. 벌써 세 번째였다. 입이 바싹 탔다. 이제 남은 건 여섯 개 밖에 없는데, 그중에 성공시킬 수 있는 것이 있을까? 새로 도마 위에 놓인 녀석은 그래도 비교적 멀쩡히 다리를 벌리고 있었지만, 옆에는 이미 실패작인 녀석들이 처참하게 나뒹굴고 있었다. 하나는 외눈박이였고, 다른 하나는 다리가 없어졌으며, 다른 하나는 내장이 너무 터져버렸다.

하아, 도대체 신이시여 왜! 인간은 멀쩡한 비엔나소시지를 가지고 문어를 만들기 시작했단 말입니까.

처음에는 실패한 녀석들을 옳다구나 싶어 내 입으로 넣었지만, 그것도 다섯 개 정도가 한계였다. 내 몸과 찰떡궁합인 가공육류도 일정 정도를 넘으니 물렸다. 남은 애들을 수산시장에 내다 팔 수도 없고, 온몸에서 훈제 향이 날 것 같은 상황이라 더 먹을 수도 없었다.

그날 아침부터 이 사달이 났던 것은 순전히 몇 개월 전 아들의 투정 때문이었다.

"엄마, 나도 다음에 문어 소시지 싸줘."

첫 현장체험 학습을 다녀온 아들이 말했다.

"뭐? 엄만 그런 거 못 해."

"나만 유부초밥 싸 왔어. 다른 애들은 다 김밥에 과일에 막 맛있는 거 많았는데. 문어 소시지 싸 온 애들도 있고. 나도 그런 거 먹고 싶어."

"야, 문어 소시지 그거 비엔나소시지 궁둥이를 막 칼로, 응? 그렇게 여러 갈래로 하는 거야. 소시지가 얼마나 아프겠니?"

"그럼 뭐, 우리 먹는 음식이 다 아프겠네. 비엔나소시지는 통각이 없거든?"

(아들이 변했다. 예전에는 "서진아, 당근이 '어서 저 좀 먹어주세요' 하는데?"라고 하면 먹기 싫어하던 당근 반찬도 꿀꺽 삼키던 귀염둥이였는데.)

"여튼 엄마는 그거 못해. 아침에 시간이 너무 오래 걸려. 유부초밥도 겨우 쌌어. 그래도 그 안에 소고기도 응? 넣고 그랬잖아."

"에이, 알았어 뭐. 맨날 나는 유부초밥이지 뭐."

아들은 세상에 더없이 불쌍한 포즈로 고개를 푹 숙이고 지나갔다. 말을 그렇게 했지만, 속이 좋지 않았다. 그래서 다음에는 없는 솜씨로라도 도시락을 만들어보겠다 다짐을 했다. 그리고 그 다짐은 다짐으로 끝났어야 했다.

인터넷에 들어가 아이들 소풍 도시락을 검색해 봤다. 하아……. 세상에는 놀라운 능력자들이 너무 많았다. 도시락에는 꽃이 피고, 나비가 날아다니고, 헬로키티가 방긋 웃으며, 도라에몽이 윙크를 하고 있었다. 나의 사랑 곰돌이 푸도 쌀밥으로 만들어진 볼을 달고 좋아하고 있지 않은가. 문어는 사실 레벨 1이었다. 그러나 손재주가 레벨

0인 나에게는 고난도의 작품이었다.

그래도 나는 학교에서 나온 체험학습 통신문을 봤을 때, 달력에 크게 동그라미를 쳤다. 휴대전화의 알람도 맞췄다. 일찍 일어났다. 그런데 이게 웬일인가. 평소에 그렇게 고슬고슬하게만 되던 밥은 갑자기 눈이 한껏 풀어진 희미한 얼굴로 나를 맞이했다. 몇 개월 전에 할부로 마련한 쿠O가 왜 이러냐. 맛있는 밥을 시작한다고 나한테 음성안내까지 해주지 않았더냐. 뭐 어찌 되었건, 하필 그날 밥은 김밥을 싸기엔 최악이었다.

그래도 어쩌랴. 밥을 다시 할 시간이 없어 주섬주섬 김을 깔았다. 당연히 물기가 많은 밥이 제대로 펴질 리가 없었다. 김은 울먹거리며 쭈글쭈글한 모양이 되었고, 어찌어찌 말아낸 김밥 위에 놓인 칼은 김밥을 썰 생각 없이 아쟁을 켜는 활처럼 왔다 갔다만 했다.

그뿐인가, 야심 차게 준비했던 문어 소시지의 상황은 더욱 심각했다. 궁둥이가 시커멓게 탄 애들이 대다수였으며, 활짝 벌어져야 할 다리가 한두 개만 벌어진 애들도 있었다. 결국, 그날 아침에 아들이 받아든 도시락에는 몇 개의 유부초밥과 몇 조각의 김밥(대부분이 썰리는 과정에서 처참하게 터졌다), 그리고 다리 몇 개를 제대로 못 편 문어 몇 개 였다(그중 눈알이 있는 애들은 두 개밖에 없었다).

"저기…… 문어가 눈이 없어." 나는 우울하고도 작은 목소리로 말했다.

"잉? 그게 뭔 소리야?" 아들의 눈이 동그래졌다.

"네가 저번에 문어 싸달라고 해서 했는데, 눈을 두 개밖에 못 붙였어."

"우와! 정말 문어 있어? 눈은 두 마리나? 와, 엄청 좋네."

응? 뭐지, 이 초긍정 반응은? 눈 없는 문어들에 대한 타박이 이어질 줄 알았건만 아이는 두 마리나 눈이 있다는 데 초점을 맞추고 있었다. 이렇게 좋아할 줄 알았다면 이쑤시개로 소시지를 쑤셔서라도 눈을 뚫을 걸 그랬나, 라는 (다소 잔혹한) 대안이 머리를 스치기도 했다. 여튼 위기는 넘겼다(실상 아들은 해달라고 하면서도, 내가 문어 소시지에 정말로 도전할 것이라고 기대는 안 했나 보다. 앗싸! 역시 기대가 낮으면, 결과에 대한 만족도도 높은 법).

나는 그 뒤로도 아주 가끔 문어 소시지(물론 눈알 없는 애들로)를 만들었다. 그러나 다른 애니메이션 도시락에는 도전하지 않았다. 역부족인 것은 역부족인 줄 알고 넘겨야 하는 법이다. 남들과 똑같이, 남들만큼은 하려고 하다 보면 다리에 근육파열상을 입은 뱁새가 되기에 십상이라는 것이 이제 9년을 넘어선 육아를 통해 깨달은 것 중 하나다.

하지만 아이를 키우는 초기에 나는 내가 무엇에 '역부족' 유전자가 있는지 알지 못했다. 아이를 낳기 전에는 언제나 나에 대한 (비록 그것이 근거 없다고 할지라도) 자신감으로 살아왔기에, 육아에 있어서도 '잘한다'는 소리를 듣고 싶었다.

그러나 육아에 대한 정보를 얻기 위해 육아 관련 카페나 블로그 등을 자주 방문할수록 이상한 일이 생겼다. 뭐랄까? 소셜미디어를 하는 사람들이 더 우울해지는 것과 비슷하다고나 할까. 나는 계속 기가 죽었고, 내가 뭘 제대로 못 하고 있나, 라는 마음을 품으면서 아이를 키우게 되었다. 카페에 들어가면 갈수록, 블로그를 보면 볼수록 자신감은 쪼그라들었다. 육아의 강호에는 고수들이 너무 많았다. 많아도 너무 많았다.

아이에게 좋은 국민 유모차에 국민 놀이매트, 국민 동

화책……. '국민' 이름이 붙은 것들이 수두룩했다. 언제나 물건을 고를 때 대세를 따르는(고민하기가 귀찮기에) 나였지만, 국민 육아용품을 따라가기엔 버거웠다. 경제적으로 쪼들릴 뿐만 아니라, 그 목록을 다 챙길 시간도 없었다.

특히 책은 아이의 연령별로 세분화되어 있었는데, 아이의 성장에 맞춰 다방면의 책들을 꼬박꼬박 챙기는 분들을 보면 존경심이 절로 우러나왔다. 요새 광고에 보면 날씬하고 멋진 커리어 우먼이 "내 애 책은 어떻게 고르지!!"라며 세상에서 가장 괴로운 비명을 지르고 있던데, 내 생각엔 광고 속 그 여자분도 육아 블로그를 자주 들어가 보는 게 틀림없다. 감성과 지성을 모두, 거기에 영어까지 챙기는 이들을 보면서 심한 압박감에 시달렸을 것이다(아오, 근데 왜 책 고르기도 꼭 엄마가 해야 하나. 절규하는 아빠는 내가 본 적이 없다).

음식 쪽으로 들어가면 상황은 더욱 심란했다. 보기만 해도 정서가 함양될 것 같은 음식들. 깨끗한 옷과 밝은 얼굴로 예쁜 그릇 앞에서 예쁜 음식을 먹는 아이들을 보다 보면 사시사철 내복 바람으로 집안을 누비고, 방학 동안에는 '추노' 헤어스타일을 고수하며 살아가는 우리 아이들에게 문득문득 죄책감이 들었다.

 매번 페이스북을 열 때마다 황새의 시원시원한 걸음걸이를 봐야 하는 뱁새의 심정이 이럴까? 인터넷을 통해 '행복한', '완벽한', '최고의' 육아 정보를 보면 볼수록 스트레스가 쌓였다. 처음에는 국민 용품들을 몇 개 사보기도 했지만, 이게 참 밑 빠진 독에 물 붓기였다. 이걸 사면 저걸 함께 사야 하고, 용품이 완벽하면 거기에 맞는 옷이, 가방이, 신발이, 그리고 책이 많으면 거기에 맞는 책장이, 책상이……. 구색 맞추기를 하다 안 그래도 옹색한 재정과 안 그래도 달리는 내 시간이 모두 밑 빠진 독 사이로 빠져나갈 판이었다. 게다가 나는 콩쥐처럼 독에 난 구멍을 대신 막아줄 두꺼비도 없는 상황 아닌가.

 예쁘고 몸에 좋은 '엄마표 요리'도 마찬가지였다. 내가 마음먹고 만드는 음식들은 시작은 창대했으나 끝은 미약했고, 싱크대에 폭풍이 몰아치는 경우가 많았다. 따라서 나는 그냥 내가 할 수 있는 음식만, 할 줄 아는 음식만 하는 그런 '주제를 아는' 사람이 되기로 마음을 먹었다.

 물론 가끔가다가 이렇게 문어 소시지와 같은 시도를

할 때도 있다. '남들도 다 한다'라는 말의 강력한 자장에서 자유롭기란 쉽지 않다. 특히 아이들의 입에서 그런 말이 나올 때는 이상하게 신경이 계속 쓰인다. 그래서 잘 안되어도 나름 시도를 할 때가 있다. 다행인 것은 내 아이들이 점수가 후한 편이다. 눈알이 없는 문어 소시지에 만족하는 것처럼. 여하튼 나는 내가 할 수 있는 한도 내에서 엄마를 하려고 한다. 국민 엄마 말고. 그냥 우리 애들 엄마, 그리고 그냥 내 스타일의 엄마. 그게 내 한계고, 그게 내 최선이라고 생각하는 나는 그런 사람이니까(라고 자신 있게 말하고 싶지만, 사실은 아직도 가끔 두렵기도 하다. 내가 다른 사람들은 다 해주는 걸 너무 안 해주는 건 아닐까. 모자라는 건 아닐까. 이놈의 부모 마음이란 정말, 너무 착하고, 너무 이타적이다. 때론 나라는 인간이 감당하기 힘들 만큼).

엄마의
김치

"인생은 네가 본 영화와는 달라. 인생이 훨씬 힘들지."

:: 〈시네마 천국〉

    택배가 왔다. 김치다. 박스를 열자, 익숙한 엄마의 김치 냄새가 훅하고 코 밑으로 들어왔다. 싸고 또 싸고, 두꺼운 비닐 위로 수많은 매듭이 여러 겹으로 묶여 있었다. 엄마는 언제나처럼 어금니를 앙다물며, 입술은 약간 비틀면서 이 매듭들을 묶었겠지.

    엄마의 손힘을 가득 품고 있는 매듭은 내 손으로 풀기엔 힘들었다. 부엌으로 들어가 커다란 가위를 가져왔다. 뭉텅, 매듭은 묶인 채 잘려나갔다. 잘린 매듭 뭉치를 들어 올리자 손가락 끝에 김치 국물이 살짝 묻었다. 입에 넣고 빨았다. 엄마의 맛이었다.

엄마의 김치는 맛있다. 누군가가 회사를 차려야 할 정도라고 말했을 만큼 맛있다. 나도 어린 시절에는 무척이나 좋아했고, 심지어는 엄마의 김치를 자랑스러워했다. 그러나 나는 이제 엄마의 김치가 싫다. 그 망할 김치는 엄마를 아프게 하기 때문이다.

배추를 사서 자르고, 절이고, 버무리는 일련의 김치 노동은 말할 수 없을 정도로 고강도다. 한번은 엄마 혼자 김장을 하면서 무거운 것을 들다가 팔을 한동안 못쓰게 된 적도 있었다. 그래도 엄마는 한다. 괜찮다면서, 사 먹는 김치는 비싸기만 하고 안 좋은 재료를 쓴다면서, 굳이 그렇게 김치를 만들어서, 이렇게 나와 언니들 앞에 내어놓는다.

사실 그렇게나 맛있는 엄마의 김치가 싫어진 이유가 또 하나 있다. 나는 그 김치가 무섭다. 내가 아이를 낳고 키워가면서 깨달은 것은, 우리 엄마는 세상에서 가장 대단하면서도 불쌍한 사람이라는 것이다. 이 엄청난 출산의 고통을 무려 여섯 번이나 겪어냈고, 그 속에서도 무려 여섯 번의 수모를 겪어야 했다. 아들을 한 번도 낳지 못했기 때문이다. 엄마는 그렇게 아들 낳지 못한 며느리였지만, 정말 최선을 다해 살려고 노력했다고 내게 고백한 적이 있다.

박완서의 소설 『꿈꾸는 인큐베이터』에서 주인공인 여성은 이렇게 말한다. '나는 장손을 낳아준 맏며느리였고 나는 아들을 낳음으로써 내가 남자가 된 것처럼 당당해졌다.' 엄마의 고백을 들으며 나는 생각했었다. 아마도 엄마가 평생을 간절히 원했던 순간은 바로 이 여자처럼 아들을 낳아 당당해지는 것이 아니었을까, 라고. 그러나 가지지 못했으니, 그 순간을 대신해 '최고의 희생적인 엄마'라는 자리로 대신하려고 했던 것은 아닐까, 라고.

당신은 정말 당신이 낳은 딸들을 지극정성으로 키웠다. 나이 마흔이 넘어 뒤늦게 얻은 나 역시 딸이었지만, 엄마는 어디 입양 보내라는 주변의 말도 모두 물렸다. 넉넉하지 않은 집안 살림이었으나 자신이 낳은 자식이 남의 손에서 키워지는 것은 참을 수 없었다고 했다(여담이지만, 나는 많은 아이가 어린 시절 한 번쯤은 품는다는 의심인 '나는 어디서 주워온 아이가 아닐까?'라는 질문을 하지 않았다. 엄마 말대로 딸이 다섯 명이나 되는 집에, 주워오려면 아들을 주워오지 또 딸을 주워 올 이유는 전혀 없어 보였기 때문이다).

하급 공무원인 아빠의 월급으로는 빠듯한 살림이었지만, 나는 한 번도 내가 돈이 부족한 집에서 큰다는 생각을 가지지 않았다. 책을 사야 한다거나 학교에 돈을 낼 필요가 있다고 할 때 엄마는 옹색한 소리를 한 번도 한 적이 없었다. 철이 든 뒤, 아빠의 월급을 알게 되었을 때 나는 매우 놀랄 수밖에 없었다. 언니들을 모두 대학까지 보낸 게 기적인 것만 같았다. 여하튼 이렇게 엄마의 희생과 희생으로 연결된 세월 덕분에 나는 사랑받고 자랐고, 걱정 없이 자랐다.

그러나 후에 엄마가 걸어온 이 희생의 길들은 나에게 또 하나의 굴레가 되었다. 내가 엄마가 된 뒤로 가장 많이 전투를 벌인 사람이 내 엄마였다. 처음에는 엄마와 다른 양육 방식으로 싸움을 벌였고, 그다음에는 엄마의 역할을 놓고 매번 언성을 높였다.

한평생 희생으로 살아온 엄마에게 나의 '엄마 노릇'은 기준에 차지 않는 듯 보였다. 애초에 엄마는 나(이기적이며, 일도 잘 못하는 인간)에게 결혼은 어울리지 않는다고 주장한 바가 있을 정도다.

가장 견디기 힘들었던 것은 엄마가 내미는 '애미론'이었다. "애미가 되어서……." "애미가 되었으니 당연한 일이야." "무슨 애미가 그러냐."

여기에 나오는 '애미'는 자식을 위해서라면 언제나 희생을 마다하지 않아야 하고, 피곤해서도 안 된다. 늦잠을 자도, 아이의 과제를 제대로 챙기지 못해도, 아이의 행색이 조금이라도 궁색해도 안 된다. 물론 엄마는 나를 위해 잔소리를 하는 것이겠지만, 완벽한 '애미'가 될 수 없는 나는 가끔 엄마의 '애미론'에 불같이 짜증을 내면서 싸우기도 했다.

물론 내가 부족했을 수도 있다. 그러나 나를 더욱 분노하게 만드는 지점은 엄마한테 '애비론'은 없다는 것이다. 내가 남편에게 설거지를 하게 만들어도 안 되며, 아이들을 위해 밥을 차리게 해서도 안 된다. 온종일 일을 하고 온 나지만, 남편과 아이들을 살뜰하게 챙겨야 하는 것도 나다. 엄마는 내가 남편에게 일이라도 시킬라치면 오히려 자신이 하겠다고 나선다. 자기가 집에 있는 동안이라도 사위에게는 일을 시키지 말라는 것이다. 엄마가 내미는 이유는 그것이다. 사위가 일하는 것이 참을 수 없을 정도로 불편하다는 것이다.

나는 엄마에게 대들었다. 왜 나만 일해야 하냐고, 왜 나만 아이를 돌봐야 하냐고, 왜 나만 책임을 져야 하냐고 언성을 높였다. 엄마의 대답은 언제나 똑같았다.

"그럼 애미가 힘든 게 당연하지. 나도 너희들을 얼마나 힘들게 키웠는데. 원래 애미란 그런 거야."

엄마에게 엄마란, 그렇게 힘들어야 하고, 힘든 게 당연한 존재였다. 그래서 나이가 들어도 자신의 관절이 아파도 자식들을 위해 김치를 담그는 엄마는 그것이 당연한 애미 노릇이며, 애미의 마음이라고 생각하고 있다.

나도 예전에는 이런 엄마의 마음, 흔히들 모성이라고 부르는 이 마음을 벅차고 고맙고 아름다운 것이라고 생각했다. 청소년 시절 수련회를 가면 촛불을 켜놓고 하는 명상의 시간에, 언제나 엄마에 대한 고마움과 미안함이 뒤엉켜 괜히 눈물을 뚝뚝 흘리기도 했다.

그러나 내가 엄마가 된 뒤, 이 모성은 너무나도 무섭게 다가왔다. 사람들이 위대하다고, 아름답다고 말하는 모성은 사실은 나를 부서뜨리면서도 아이를 위해 가족을 위해 희생해야 하는 마음일 수도 있기 때문이다.

엄마가 말하지 않아도 내 주변에는 엄마 노릇에 대한 수많은 압력이 있다. 어린이집, 유치원, 학교, 학원에서 찾는 사람은 엄마밖에 없다. 아이가 학교에서 문제를 일으켜도 먼저 찾는 사람은 엄마다. 아이가 옷을 제대로 못 입고 유치원에 가면 먼저 욕먹는 사람은 엄마다. 아이가 친구를 초대했는데 집이 지저분하면 그 책임자로 지목되는 사람은 엄마다. 우리 사회에서 아이에게 생기는 문제의 원인은 오롯이 엄마에게 돌아간다. 평일 쉬는 날 놀이터에 앉아 있다가 '일하는 엄마 집 애들은 확실히 다르다'는 말을 쉽게 뱉어내는 동네 사람들의 말에도 혼자 움찔하고, 선생님과의 상담에서 '엄마가 일하셔도 아이를 잘 챙기라'는 말에 상처를 받는다.

검열을 하는 것은 나 자신도 마찬가지다. 아이가 더욱 어렸을 때는 주말이 지난 뒤 아이가 나와 더 안 떨어지려고 하는 날이나, 아니면 어린이집 수첩에 '요새 수민이가 떼가 많이 늘었어요'라고 적힌 날에는 내가 무얼 잘못해서 애가 이런가, 라는 생각에 가슴이 철렁 내려앉는 순간이 많았다. 모든 것이 내 잘못 같고, 모든 것이 내 탓 같은 순간들이 넘쳐났다.

회식이라도 하고 온 날은, 몇 년 만에 친구들이라도 만난 날은, 술을 많이 마시고 들어간 날은, 어김없이 아이들에게 미안하다. 그래서 나는 첫애를 낳은 뒤 친구들을 만날 때도 아이를 데리고 나가는 날이 많았다. 친구 한 명은 '너처럼 애를 자주 데리고 나오는 사람은 없었다'고 말하기도 했다.

이런 마당에 나의 엄마까지 나에게 희생적인 엄마를 강요하는 순간순간들이 가끔은 참기가 힘들었다.

"나는 그런 애미 안 해!"

물론 나는 우리 엄마와 같은 '애미'가 되어본 적도 없고, 될 수도 없다. 그러나 나 같은 사람에게도 어쩔 수 없이 가끔은 죄책감이 찾아온다.

엄마에게만 수많은 역할을 떠넘기는 이 시스템에 화가 나고 억울하기도 하지만, 또 남들은 다하는데, 나만 이렇게 난리인가 싶어 자괴감이 들기도 하는 날이 왔다 갔다 한다. 이러한 길 없는 길 위에서 올라온 짜증과 두려움 가운데 엄마의 잔소리가 더해질 때면 나는 괜히 기회라도 만난 듯 엄마에게 화를 쏟아내곤 했던 것이다.

김치가 들어 있는 택배 상자를 옆에 두고 엄마에게 전화를 걸었다.

"김치 받았어, 엄마."

"그래. 김치 냉장고에 넣어놓고. 이번 김치는 좀 싱겁게 된 것 같은데, 윗부분에 있던 건 괜찮으니……."

"팔은 좀 어때?"

"맨날 그렇지 뭐. 얼마 전에는 밤에 쿡쿡 쑤시더니 이제는 좀 괜찮다."

"그러게 김치는 왜."

"그게 애미 맘이지 뭐, 잘 먹고."

눈물이 툭 떨어진다. 그 질기고도 질긴 '애미'라는 단어는 엄마한테서 영원히 떨어질 수 없는 것일까? 택배 상자 속 비닐봉지를 풀어헤쳤다. 한 포기씩 김치통 속으로 옮겨 담았다. 시뻘겋게 버무려진 김치 포기들은 하나하나씩 야무지게도 말려 있었다.

우리 아기
엉덩이로
기타를 치자
징징징징

"시계는 차지마, 항상 지금이라는 시간만 가져."

:: 〈파니핑크〉

    풀어헤친 머리. 끌려들어 갈 듯 매력적인 목소리. 한참 텔레비전을 응시하던 나는 그날 결론을 내렸다. 그래 이거야. 나도 저렇게 기타를 치는 거야. 충동적인 결심이었지만 왠지 잘할 수 있을 것이라는 언제나처럼 근거 없는 자신감이 들었다. 인터넷에서 기타를 배울 수 있는 방법을 검색했다. 마침 회사가 끝난 뒤 배울 수 있는 거리와 시간이 적당한 클래스가 있었다. 신청을 하고 돈을 넣고 모든 것이 물 흐르듯이 자연스럽게, 물론 생각은 없이 흘러갔다.

"기타 배운다고? 중고 기타 안 쓴 거 있는데 살래?"

"네, 선배. 그 기타 제가 살게요."

뇌 속에서 1초의 이성적인 필터링도 없이 대답이 나왔다. 기타 클래스에 등록한 지 얼마 되지도 않은 상황이었다. 수업 시간에 기타를 대여해준다고 선생님은 말했지만, 머릿속엔 이미 나만의 기타로 멋진 가을 노래를 뜯고 있는 내 모습이 가득했다. '슈스케'의 멋있는 여자 참가자와 내 모습이 딱 맞게 겹쳐 보였다.

당시 형편으로서는 거금을 지불하고 기타를 손에 넣은 날에는 그 이상향이 더욱 한 걸음 다가온 듯해 가슴이 설렜다. 예쁜 기타. 정말 한 번도 제대로 안 친 것 같은 새 기타(그 기타가 왜 그렇게 공장에서 바로 나온 것처럼 맑고 예뻤는지에 대해 0.5초 만이라도 고민을 했었더라면, 배우고자 하는 욕망과 실제로 배우는 실천력 사이에 얼마나 큰 간극이 있는지를 조금이나마 고려했다면 그걸 사지 않았을지도 모른다).

둘째 아이를 가지고 나서, 나는 기타 교실에 등록했다. 이제라도 잘 다루는 악기 하나 정도는 가지고 싶다는 생각에서였다. 비록 첫째 아이가 세 살이고 둘째 아이를 가진 지 얼마 안 되었지만, 왠지 할 수 있을 것만 같았다. 태교에도 좋은 영향을 줄 것이라고 믿었다. 이렇게 하고 싶은 걸 보면 운명일지도 모른다는 그야말로 개가 강아지풀 뜯어 먹는 그런 모호한 방향성을 가지고 시작했다.

기타 줄을 잡는 법에 대한 지식이 온전히 제로에 가까웠음에도 불구하고, 나는 부드럽게 굴곡이 진 기타 위에 팔을 올려놓았다. '너의 침묵에, 메마른 나의 입술…….' 노래까지 흥얼거리던 그날 이후, 나는 기타 수업에 딱 세 번 참여했다. 그리고 당시 배 속에 있던 둘째 아이가 초등학교에 입학하는 지금. 기타는 아직도, 우리 집 창고에 그렇게 내 손에 들어온 그 모습 그대로 보관되어 있다(내가 샀던 그 모습 그대로).

바닥에 앉아서 멋있게 기타를 치던 어느 가수의 모습에 반해 덜컥 사버린 기타. 그런데, 배우면서 손가락이 너무 아팠다. 물집이 잡히고 스트레스도 함께 쌓였다. 음악에 대한 재능은 없으면서 욕심만 많았던 나는, 수업을 계속 빼먹었다. 물론 처음엔 갑자기 여러 가지 일이 겹쳐 수업에 못 가게 되었지만, 몇 번 결석하고 나자 다시 물집이 잡히는 수업으로 돌아가고 싶지 않았다. 집에서 악보를 꺼내볼 시간이 없는 것도, 연습할 기회가 없는 것도 나의 의욕을 더욱 꺾었다.

처음에는 연습을 하고자 집에서도 기타를 꺼냈다. 그러나 나의 기타 위에는 금세 아들이 올라탔다. 도우너처럼 깐따삐아 별로 날아갈 기세였다.

"엄마, 나 기타 자동차 타고 간다. 부웅―"

"응. 그래 잘 가." (잠시 눈물을 닦는다.)

물론 잘 가라고는 했지만, 이 상태로 정말 깐따삐아 별에 갔다가는 기타 줄들이 모두 우주로 이탈할 것만 같았다. 떠나려는 아이를 간신히 뜯어말리고 기타를 고이 케이스 안에 넣어 창고 뒤쪽에 두었다.

연습을 하면 물집이 잡히는 손도 문제였다. 온종일 키보드를 치는 직업에, 집에 와서는 설거지에 청소에 아이를 씻겨야 하는 몸으로 기타는 '무리' 중에 무리였다.

결국 기타는 나의 삶에서 아주 멀어져 갔다. 물론 텔레비전이나 라디오에서 기타를 치던 그 가수가 나오면 가슴속에 숨어 있던 미련이 스멀스멀 피어오르기도 했다.

그땔 노래를 불렀다. 아들이나 딸을 기타 삼았다. "우리 아기 엉덩이로 기타를 치자 징징징징! 우리 아기 엉덩이로 기타를 치자 징징징징!" 입으로 내는 기타 소리는 구슬펐다. 그래도 엄마가 자기들의 몸을 안고 엉덩이를 간질이자, 아이들은 꽤 좋아했다. 깔깔거리는 웃음소리가 가슴 속으로 들어와 몽글거렸다. 말도 안 되는 가사를 붙여서 노래를 부르고, 다시 엉덩이로 징징징 기타 연주를 하고. 아이들과 나는 몇십 분을 기타를 치며 놀았다. 물론 몽실몽실한 엉덩이 위로 치는 기타였기에 물집은 잡히지 않았다(안녕, 장재인이 되고팠던 나의 꿈이여).

그러나 내 인생에서 내보내야 했던 것이, 어디 기타뿐일까. 아이를 키우다 보면 양보해야 할 일들이 많다. 아쉬운 것들이 엄청나게 불어난다. 혼자 살았을 때 내가 누리던 자유 대부분이 깎여나간다. 사람들을 만나기 힘든 것은 물론이요, 새로 나온 영화도, 책도, 만화도 챙겨보기가 힘들다. 나만의 취미 생활은 엄두도 없다.

텔레비전을 좋아하는 내가 드라마 전체를 모두 다 보는 경우는 드물다. 밤 10시 정도엔 아이들을 재워야 하고, 재우다 보면 나도 역시 꿈나라에서만 앞뒤가 뒤엉킨 영화를 본다. 돌아서 생각해 보면 직장 생활과 가정밖에 남지 않는 것 같다.

 이렇게 사는 중간중간에는 문득 '만약'이라는 생각이 스친다. 만약 내가 아이를 낳지 않았다면? 여전히 혼자였다면? 얼마나 자유롭고 얼마나 좋을까? 아마 장재인처럼은 아니더라도 드문드문 짧은 곡이라도 연주할 수 있지 않았을까? 저녁에 누구에게 아이를 맡길까 고민하지 않고 만나고 싶은 이들과 만나는 그런 삶을 살지 않았을까? 아쉬운 것 없이 자기가 하고 싶은 것을 하고 살면서, 가끔은 무슨 생각을 하면서 살고 있는지 도저히 모르겠는 생명체 둘(아니, 남편까지 셋인가?)에 대해 고민하지 않아도 되고. 또한 도대체 어떻게 될지 모르는 아이들의 미래까지가 아닌, 그냥 내 인생만 걱정해도 되는 지금보다 훨씬 가벼운 삶을 살지 않았을까?

 치지 못한 기타를 부여잡는 날이나, 보고 싶었던 영화가 이미 극장에서 내려간 걸 확인하는 날이나, 아니면 나를 제외한 미혼의 지인들이 즐거운 시간을 가지는 것을 소셜 미디어에서 확인한 날이면 후회와 비슷한 감정들이 한 번씩 나를 세게 쓸고 갈 때가 있다.

 그러나 다시 20대로 돌아가서 나에게 어떤 삶을 선

택하겠냐고 물으면, 나는 극심한 선택 장애에 시달릴 것 같다. 가볍고 자유로운 삶도 좋지만, 나는 혼자 사는 게 너무 힘든 사람이기 때문이다. 생긴 건 씩씩하게 생겨서, 매우 독립적일 것 같이 생겨서, 1인 가구의 표본처럼 보이지만, 나는 외로움에 엄청 취약하다. 나도 이 사실을 대학 때 미국으로 어학연수를 가서야 겨우 알았다. 그전에는 한 번도 혼자 살아본 적이 없었기 때문이다.

혼자만의 시간을 즐기면서 멋있게 살 줄 알았지만, 나는 외로움에 덜덜 떨면서 지냈다. 밖에서 다른 사람들과 지내는 것은 괜찮았지만, 매일 나 혼자 자고, 나 혼자 밥을 해 먹는 그런 집으로 돌아가야 한다는 사실이 너무 무서웠다. 나뭇잎은 다 떨어진 채 초겨울의 차가운 비를 맞고 있는 그런 나무가 된 것만 같았다.

그래서 알게 되었다. 나는 가족형 인간이구나. 그래서 (많은 사람이 말렸지만) 언젠가는 꼭 결혼을 하고 살아가야겠다, 이렇게 다짐했었다. 만약 내가 결혼을 하지 않고 혼자 살았다면 자유롭게 지낼 수는 있었겠지만, 그 역시 대가는 컸을 것이라고 짐작한다. 주어진 자유 시간도 외롭다고 제대로 활용하지 못하면서, 누구랑 같이 살고 싶다고 계속 징징댔을 것이다. 자유보다는 구속되는 마음의 안정이 좋은 인간이다. 나는 가족이 있는 삶이 좋다. 그런 유형이다.

지난여름 장기간 출장을 다녀온 뒤 나는 그걸 다시금 깨달았다. 며칠간 출장을 갔을 때 처음에는 공항에서 나만의 짐만 달랑달랑 들고 나가는 그 순간이 뭔가 너무 멋있었다. 애들에게 늘어선 긴 줄을 참을성 있게 기다리라고 잔소리할 필요도 없었고, '배고프다'나 '목마르다'라는 투정이 어디서도 들리지 않았다.

그러나 그런 멋진 순간은 이틀 밤이 채 지나지 않아 바닥이 났다. 그곳에서 아이들만 보면 나는 나의 아이들을 떠올렸다. 특히 내 아이들과 비슷한 또래의 꼬마들은 여지없이 부담스럽도록 이글거리는 내 눈동자를 마주해야 했다(그런 내가 너무 무서워 보였는지 피하는 아이들이 있을 정도였다).

아이들이 보고 싶었다. 그리고 내가 집에 돌아가면 맞아줄 가족이, 아이들이 있다는 사실이 새삼 나에게 얼마나 힘이 되는지를 깨달았다.

그럼에도, 이렇게 아이들이 좋음에도 불구하고, 내가

선뜻 가족을 선택하지 못하고 갈팡질팡하는 것은 가족이라는 단단한 울타리를 만드는 것이 우리 사회에서는 만만치 않은 일이라는 것을 이미 알고 있기 때문이다. 육아를 '애나 보는 일'이라며 무시하는 사회와 제도는 물론이고 수입에 비해 너무 비싼 주거비와 교육비가 우리 가족에게 압박을 가한다.

나와 남편 같은 평범한 사람들이 아이를, 그것도 둘이나 낳아서 키우는 것이 괜한 욕심은 아니었을까, 라는 생각이 들 때도 제법 된다. 집 없이 신혼을 시작하고, 맞벌이로 돈을 벌어야 하고, 고소득 전문직도 아닌 우리가 아이들을 낳은 것이 사치는 아니었을까? 저렇게나 예쁜 아이들의 웃음은 사실 아주 비싼 것인데, 우리가 욕심을 낸 것은 아니었을까? 그런 생각이 든 적도 있다.

내 주변에는 아직 결혼을 하지 않은 이들이 꽤 된다. 그들은 종종 내게 묻는다.

"결혼 어떻게 하는 게 좋을까? 주변에선 해야 한다고 하는데, 딱히 지금 하고 싶지는 않고……."

"하지 마. 혼자 사는 게 괜찮다면."

나의 대답은 언제나 이것이었다. 혼자 사는 것이 괜찮

다면 군이 결혼해야 한다는 명제에, 아이를 낳아야 한다는 명제에 매달릴 필요가 없다고. 미래의 선택인 결혼이 이전보다 나은 삶을 위한 것이어야 하지 않을까?

나처럼 혼자 사는 게 힘든 사람이라면 이리저리 고민이라도 해 보겠지만, 혼자 사는 삶도 충분히 행복한 사람이 남들이 떠민다고 해서 할 필요는 없다는 게 내 생각이다. 더군다나 아이를 낳아서 키우기가 이렇게 거칠고 힘든 세상이다. 자신의 인생인데 국가의 출산율을 위해, 부모님의 소원을 위해 희생하는 것은 모두가 불행해지는 길이라고 생각한다.

나는 '혼자 사는 삶'에 대한 자신이 없어서 가족이 있는 삶을 택했다. 잃은 것도 많지만, 그럼에도 나를 버티게 하는 것은 오롯한 나의 선택이었다는 점이다. 한 가지 바라는 게 있다면 앞으로 우리 사회가 나 같은 가족형 인간에게 좀 더 친화적인 곳으로 변했으면 하는 것이다. 가족을 꾸리고 싶어도, 아이를 낳고 싶어도 무서워서, 형편이 안 되어 결심을 못 하게 만드는 그런 곳 말고 말이다.

정부여, 알고 보면 출산율 상승을 원하는 당신들과 가족형 인간들의 목표는 같다오. 제발 좀 알아줬으면 좋겠다.

되돌릴 수 없는
시간

"말은 무궁무진한 마법의 원천으로서 상처를 입히거나, 상처를 치유해주기도 하지."

:: 조앤 K. 롤링, 『해리포터』

만약, 아주 만약에 어떤 신령님 같은 이가 당신 앞에 나타나 "과거의 시간 중 얼마를 네게 돌려줄 테니, 그만큼에 해당하는 미래의 시간을 내게 바쳐라"라고 말한다면, 당신은 응할 것인가? 그리고 만약에 그 제안에 응한다면, 당신이 돌려받고 싶은 과거의 시간은 언제인가?

내게는 미래를 바쳐서라도 얻고 싶은 과거의 시간, 그

런 시간이 딱 하나 있다. 고등학교 시절, 야간자율학습을 마치고 버스 정류장에서 아버지와 함께 집으로 돌아오던 5분. 그 시간이다.

내가 태어나던 해인 1978년에 부산의 커다란 시내버스가 아버지를 치는 사고가 발생했다. 내가 이 세상에 태어나 자라가고 있던 시간 동안 아버지는 생사의 갈림길을 넘나드는 길고 지루한 시간을 견뎌내야 했다. 다행히도 그는 기적적으로 살아났다. 그러나 사고로 인해 그의 뇌는 큰 상처를 입었고, 가족들의 말에 따르면 그때 이후로 성격이 크게 변했다고 한다.

유년과 청소년기를 거치면서 아버지와 나는 서로에게 불행한 시간을 함께했다. 무슨 이유였는지는 모르지만 그는 나를 미워했고, 나에게 냉담한 그를 나 역시 증오했다. 부녀라는 따뜻하고 애틋한 관계란 내 인생에는 결코 존재하지 않을 것이라 생각했다.

시간이 지나 아이가 자라듯 아버지의 뇌도 점점 치유되고 자라기 시작했다. 해가 갈수록 그가 내게 미안했다고 말하는 횟수가 늘어났다. 그러나 이미 자라버린 나의 가슴은 차갑게 남아 있을 뿐이었다. 시간이 갈수록 그는 나를 점차 사랑하는 딸로 받아들였지만, 시간이 갈수록 나는 그를 마음 밖으로 밀어냈다.

고등학교 3학년. 야간자율학습이 시작되었고, 나는 꽤 늦은 시간에 집으로 돌아오게 되었다. 아버지는 매일매일 버스 정류장에서 나를 기다렸다. 비 오는 날에는 우산을 들고, 바람이 찬 날에는 재킷을 들고 있었다. 나는 그런 그와 동네 골목길을 5분 동안 함께 걸어가야 했다.

"자꾸 안 나와도 돼요."

"아니다. 내가 아까도 보니까 이상한 놈들이 주변에서 어슬렁거리더라."

아버지의 질문과 짧고 퉁명스러운 나의 대답이 오갔던 그 길. 그리고 그 5분의 시간. 어렸던 나는 그 시간을 세상에서 그저 없애버리고 싶었다. 아버지가 내 주변을 맴도는 것이 싫었다.

1996년, 나는 대학에 합격했고, 아버지는 갑자기 암이 악화되어 세상을 떠났다. 왠지 모를 슬픔과 허전함이 밀려왔지만 나는 장례식에서 끝내 눈물을 흘리지 않았다.

아버지의 상이 끝나고 어느 저녁이었다. 9시 뉴스가 텔레비전에서 나오고 있었다.

"니 아버지가, 뉴스를 그리도 좋아하던 양반이 뉴스 시작하고 좀 있다가는 얼른 주섬주섬 옷을 챙겨 입고 일어나 나가드라. 니 올 시간 되었다고, 매일매일 9시만 지나면 시계를 보고 또 보고."

화면에서 눈을 떼지 않은 채 내게 말을 건네는 엄마의 눈에는 이미 눈물이 그렁그렁했다.

"니랑 걸어오는 그 시간이 하루 중에 젤 좋다고 하면서……."

과학이 빠르게 발전하고 있다고 하지만 시간을 돌리는 일은 아마 불가능할 것이다. 적어도 내가 이 세상에 살고 있는 동안은……. 나는 아버지에게 마음을 열지 못했던 5분을 기억하고 후회했다. 그리고 20대 내내 나는 그 후회로 힘들었다.

아이들을 키우면서 나는 이상하게 자주 그 5분을 떠올렸다. 아빠에게 나의 외면은 얼마나 큰 상처였을까? 아무리 잡으려 해도 잡히지 않는, 이미 멀어진 자식의 모습은 어떤 모습이었을까. 감히 상상하기 힘든 상처다. 아빠와 나는 불교에서 말하는 억겁의 인연으로 부녀가 된 것이었을 텐데, 무슨 또 그런 운명의 장난으로 그렇게 힘든 인연을 이어갔을까. 아이들과 너무도 소중한 시간을 쌓아 가고 행복한 기억을 많이 만들수록, 되돌릴 수 없는 아빠와의 시간은 아쉽기만 한 시간이었다.

    그러나 이제는 예전처럼 시간을 되돌리고 싶다는 가슴 아픈 공상은 하지 않는다. 그 후회보다는 아이들과 함께 만들어 가야 할 미래의 시간을 더욱 소중히 하자는 생각이 들었기 때문이다. 미안했던 5분의 백배, 천배, 만배만큼 더 많이 따뜻한 시간을 나와 당신의 손주들이 보낸다면 우리 아빠가 더 좋아하지 않을까? 그렇지 아빠?

내 엄마의
시소

"정말 홀로서기를 하고 싶은 사람은 뭘 기르는 게 좋아."
:: 요시모토 바나나, 「키친」

작년 여름, 어느 평화롭던 주말 오후. 나와 아이들은 주문진 친정엄마 집 방바닥에서 뒹굴뒹굴하며 삶은 옥수수 알을 뜯어먹고 있던 참이었다. 그런데 이 평화 속에 갑자기 아들이 불경한 질문을 던졌다.

"그런데 할머니는 왜 아직도 살아 있어요?"

"야, 할머니한테 그런 말 하는 거 아냐."

나는 내 쪽으로 굴러오는 아들을 양손으로 꼭 잡고서

말했다. 아들은 정말 궁금해서 물어보는 건데 왜 그러냐는 표정을 나를 힐끗 봤다.

"그렇잖아. 일본이 우리나라 침략했을 때도 살아계셨고, 6·25 전쟁도 겪고……. 엄청 옛날 사람이잖아. 그런데, 아! 그렇구나. 신라 시대 사람은 아니어서 아직 살아계신 건가?"

효심이라고는 한 톨도 찾아보기 힘든 손자의 질문이었지만, 그래도 엄마는 웃었다. 그것도 뭐가 좋다고 손뼉을 치며 웃었다(내가 하는 말은 만날 하나도 안 웃기다고 비웃으면서, 아들의 싱거운 말들에는 무슨 웃음 자판기처럼 자동반응이다).

"맞다. 할머니 옛날 사람 맞다. 정말 옛날 사람. 정말 오래 살았지." 엄마는 빙긋이 웃으며 아들을 바라보다 그 옆으로 다가가 아들의 배를 슬슬 문질렀다. 그리고 다른 한쪽 손으로는 옥수수를 먹느라 1초가 아까워 오빠의 최강 불효 질문에도 아랑곳하지 않고 옥수수 격파에만 열중하고 있는 딸아이의 볼을 툭툭 건드렸다.

"할머니 강아지들 언제 이렇게 컸나."

옛날 사람 우리 엄마. 팽팽한 아이들의 볼과 배 옆을 스치는 엄마 손의 주름과 튀어나온 핏줄은 그날따라 더욱 선명했다.

우리 엄마는 1938년생, 옛날 사람이다. 일본어도 몇 개 기억하고, 우리나라에서 일본 순사들이 설치던 것도 기억한다. 6·25 전쟁 때 피난길에도 나섰고, 동네에서 인민재판에도 참여해 봤다. 누군가 반동분자로 몰려 비판을 받으면, 자기 생각 없이 그저 모두 "옳소!"라고 소리치며 손뼉을 쳐야 한다는 그 난리 통의 인민재판 말이다.

이제 팔순이 되는 내 엄마는 그래서 요새 개나 고등어나 다 쓴다는 스마트폰도 잘 못쓴다. 시대의 흐름에 뒤처지지 말라고 몇 년 할부 약정으로 사줬건만, 아직도 연락처는 수첩을 찾아서 쓴다. 보험회사에서 나눠준 작은 수첩에는 엄마의 일정과 지인들의 전화번호가 까맣게 들어차 있다. 수첩을 깜박 두고 왔을 때는 전화번호를 몰라서 어쩌냐며 발을 동동 구른다(아마도 엄마의 스마트폰은 자신의 처지를 한탄할 것이다. 내가 어쩌다 2G 폰보다 못한 신세가 되었는가. 이 할머니는 왜 자꾸 나를 충전도 잘 안 하고, 나의 가장 중요한 기능 중 하나인 인터넷 접속은 하지도 않나. 심지어 카카오톡도 안 쓰나. 그리고 고화질로 무장한 카메라까지 있는데, 왜 사진첩에는 이 할머니의 손자들로 보이는 어린애들이 찍은 엽기사진밖에 없는가!).

여하튼 그렇게 오래된 사람이지만, 나는 한 번도 내 엄마를 다른 엄마와 바꾸고 싶었던 적이 없었다. 돈이 없어도, 나이가 많아도 나는 우리 엄마가 우주 전체에서 제일 좋았다. 어린 시절 엄마가 "그렇게 말을 안 들을 거면 다른 집으로 가라", "다른 집하고 비교할 거면 그 집 딸을 해라"라고 면박을 줘도 꿋꿋하게 그럴 생각은 없노라고 버텼던 나다. 그게 엄마의 진심이 아님을 알았기에(설마 엄마의 진심이었다고 해도 이제 와 어쩌겠나).

그런데, 아이를 낳고 나는 나쁜 딸이 되었다. 아이를 기르면서 나는 가끔 내가 생각해도 염치없고 근거 없는 서러움의 터널을 지났다. 우리 엄마가 다른 엄마들처럼 젊었다면, 그리고 그 젊은 엄마가 나와 함께 이 육아의 짐을 들어줬다면. 나는 내 아이를 함께 봐줄 엄마가 없다는 이기적인 서러움에 빠져서 나오지 못했다. 특히 남편의 중국 주재원 근무 탓에 회사를 그만두는 결정을 했을 때 서러움의 웅덩이는 더욱 크고 깊었다.

나에게는 왜 젊은 엄마가 없을까. 나의 자식들을 맡아주고, 그래서 내가 혼자 한국으로 돌아와도 회사를 그만두지 않게끔 도와주는 그런 엄마가 없을까. 나의 엄마는 왜 나이 들고 아파서, 이렇게 내가 일을 접어야 하는 지경에 이르게 되었을까. 엄마만 젊었어도, 엄마가 우리 집에만 함께 살았어도, 도우미 아주머니를 고용해서 이리저리 방법을 찾으면 어떻게든 일을 계속할 수 있지 않았을까? 나만 생각하는, 내 인생만 생각하는 그런 생각들이 머릿속을 뱅뱅 돌 때도 있었다.

물론 말도 안 되는 원망이라는 것을 누구보다도 내가 잘 알았다. 입 밖에 내기도 민망한, 그런 생각을 한다는 것만으로도 미안한 그런 원망이었다. 중국에 있을 때도 엄마는 내가 급할 때면 달려와서 며칠씩 아이들을 봐주기도 했는데, 그런 엄마의 수고도 잊어버린 채 나는 그저 나만, 내 발 앞에 놓인 나의 좌절만 보고 있었다.

하지 말아야지, 내 마음속에서 머무는 생각만이라도 하지 말아야지, 그런 다짐을 했다. 그러나 의지도 약하고 이기적인 나이기 때문일까. 그런 밉고도 이기적인 마음들은 힘들 때마다 불쑥불쑥 내 속을 찾아오곤 했다.

그런데 얼마 전 엄마의 고백에 나는 그만 고개를 들 수가 없었다. 그날은 내가 일을 하느라 늦게 들어온 날이었고, 엄마는 마침 서울에 올라와 우리 집에 머물고 있었다. 늦은 시간에 들어와 다시 이것저것 주섬주섬 정리하는 나를 엄마는 물끄러미 바라봤다.

"얼마나 피곤하겠니. 내가 너 고생하는 거 보면 네 집에 와서 애들 봐주고 싶은데, 그러면 내 인생이 너무 불쌍해. 그래서 못한다. 미안해."

바닥에 널브러진 아이들의 옷을 집어 올리던 나는 눈물이 핑 돌아 고개를 돌리지 못했다. 수십 년 동안 자식을 위해 인생을 모조리 썼음에도 불구하고, 엄마는 늘그막에 가지게 된 자그마한 자유조차 미안해하고 있었다. 그저 시골에서 친구들과 함께 찜질방에 가고, 식당에 가고, 노인회관에 가는 그 삶조차 엄마는 미안해하고 있었다. 여전히 다리도 좋지 않고, 만성기침도 계속되고 있었지만, 엄마는 여전히 나에게 미안해하고 있었다. 그동안 나의 고생과 희생에만 집중했던 내가 그렇게 작고 밉게 느껴질 수가 없었다. 엄마가 볼까 봐, 나는 얼른 눈물을 훔치고 돌아섰다.

"뭐가 미안해. 엄마 이제 여든이 다 되었는데. 하고 싶은 거 하고 살아야지. 하나도 안 미안해. 하나도 안 미안해."

그동안 나의 염치없었던 속마음을 들킨 것 같아 미안했고, 면목이 없었다. 그래서 더 괜히 큰 목소리로 말하며 엄마의 목을 끌어안았다.

"내 인생이 너무 불쌍해."

엄마의 나지막한 고백은 그 뒤로도 오랫동안 내 마음에 남았다. 나는 어쩌면 마음속 깊이에서는 한 줌 남은 엄마의 노년까지 뺏으려 한 것은 아니었을까? 엄마 위에 나를 쌓아 조금이라도 편해 보려고 했던 내 깊은 곳에 숨겨진 이기적인 바람을 엄마가 읽은 게 아닐까, 라는 생각에 부끄러워졌다. 엄마 위에 엄마를 쌓아야만 편하게 유지되는 이 땅의 가정이라는 울타리가 너무나도 답답하게 느껴졌다.

나이 여든이 다 되어서야, '내 인생'을 돌아본 내 엄마. 인생 마지막 자락에 들어서서야 언제나 자식과 가족에게 기울어진 시소에 자신을 살그머니 올려놓은 내 엄마. 비록 그 균형이 결코 평형을 이룰 수는 없다고 해도, 나는 엄마의 '내 인생' 편에 무언가를 올려놓는 사람이 되고 싶다. 이렇게 해도 결국 또 어느 시점에는 엄마의 '자식과 가족' 편에 무게를 더하는 어쩔 수 없는 자식이 될 수밖에 없겠지만, 적어도 노력이라도 하려고 한다. 엄마가 되어서야 비로소 가족 안에서의 내가 아닌, 그저 내 인생에 대해 생각하는 것이 얼마나 소중한지 겨우 깨달았기 때문이다. 그리고 나 역시 매일매일 그저 '한 사람으로서의 나'와 '엄마로서의 나'라는 시소 위에 서 있기 때문이다.

서글픈 말이지만, 아마 내가 엄마가 되지 않았더라면 평생 엄마의 '내 인생'이 의미하는 것이 무엇인지 몰랐을 것만 같다. 이제 최선을 다해 엄마의 남은 인생에 '내 인생'의 무게를 보태자. 그게 아이를 낳고 기르며 뒤늦게나마 조금 철이 든 나의 다짐이다.

주는 사랑은
'넘사벽'이었네

"내가 바라는 건" 그는 대부에게 말했다.
"이젠 더 이상 나를 도울 수 없는 옛날의 마술이 사라지고, 그 대신 내가 사람을 사랑 수 있게 되는 것입니다!"
그는 울며 옛 친구 앞에서 무릎을 꿇고 엎드리면서, 이 노인에 대한 사랑이 자기 안에서 얼마나 열렬히 불타올랐었으며, 한동안 잊어버렸던 그의 말투와 몸짓을 얼마나 그리워했었는지를 새삼 깨달았다.
"잘했다." 그는 나지막이 속삭였다.
"잘했다. 내 아들아. 모든 일이 다 잘 될 거다."
그러자 아우구스투스는 순식간에 몇 년쯤 나이를 먹어버린 것처럼 심한 피로감이 덮치는 것을 느꼈다. 그는 깊은 잠에 빠졌고, 노인은 조용히 빈집을 나섰다.

:: 헤르만 헤세, 「아우구스투스」

우리나라에서도 유명한 독일의 작가 헤르만 헤세의 동화 중 하나인 「아우구스투스」는 주는 사랑과 받는 사랑에 대해 그린 작품이다. 아우구스투스의 엄마는 그가 태어나기 전에 비밀스러운 마법의 소원을 빈다.

"모든 사람이 태어나는 내 아이를 사랑하게 해주세요."

물론 소원을 빈 뒤에도 자신이 제대로 된 소원을 빌었는지 혼란스러워 하지만, 마법은 이미 이뤄지고 난 뒤였다. 그렇게 태어난 아우구스투스는 모든 이의 사랑을 받는다. 상대방이 나를 사랑할까 고민할 필요도 없다. 이렇게 살면 얼마나 행복할까 싶지만 아우구스투스는 끝내 불행해지고, 자신이 다른 사람을 사랑할 수 있도록 해달라고 빈다.

예전에 이 책을 읽었을 때 나는 절대 주인공의 시선과 생각에 동의할 수 없었다. 사랑을 받는 것보다는 주는 것이 행복하다는 말을 매우 심하게 이해할 수 없었기 때문이다.

나는 맛있는 것도 누구랑 나눠 먹는 것보다 숨어서 혼자 먹는 게 제일 맛있었다(형제자매가 많으면 자연스럽게 이렇게 된다). 신경 안 쓰는 척했지만 연애할 때도 사랑의 균형추가 나에게로 기울지 않으면 자존심이 상해 힘들었던 그런 몹쓸 성격의 소유자였다(세상에서 제일 부러웠던 캐릭터는 안소니, 테리우스, 스테아 등 작품 속에 등장하는 훈남들을 어장 가득히 넣어놓고 있어 외롭지도, 슬프지도 않은 캔디였다).

그렇게 '받는 사랑주의자'였던 나에게 내 아이들이 다가왔다. 아이들의 배고픔과 수면과 전쟁과 침을 비롯한 각종 분비물과 사투를 벌이던 시간은 고난의 행군이었다. 그러나 고난의 행군 속에서도 마르지 않는 것이 있었으니, 아이들에 대한 사랑이었다.

어찌 사랑하지 않을 수가 있을까. 작고 통통한 볼들을, 볼록한 배들을, 앙증맞은 손가락과 발가락들을, 그리고 작은 꽃잎 같은 입술로 미소를 활짝 피우는 아이들을. 아이들이 너무 사랑스러워 나는 리처드 도킨스까지 떠올렸다. 세대를 이어가려는 유전자들의 명령 때문에 자식을 사랑할 수밖에 없다더니 그 아저씨 말이 맞았나 보다. 나는 완벽한 유전자의 노예였다.

아이들의 몽글거리는 몸이 나에게 안겨 오는 순간 나는 '사랑'이라는 감정이 비처럼 나를 감싸는 것을 느낄 수 있었다. 나에게서는 어느새 뿌리가 자라고 있었다. 항상 '성공'과 '미래', '자아' 등의 추상적인 말들로 공중에 붕붕 떠다니던 나는 이 세상이라는 현실에 서서히 발을 딛게 되었다.

결혼하기 전에는 자유로웠지만, 마음 한 편은 언제나 불안했다. 누군가 나를 덜 사랑하면 어쩌지? 다른 사람들이 나를 더 사랑하게 만들기 위해서는 어떻게 해야 하는가 같은 받는 사랑주의자의 전형적인 질문이 고민의 대부분을 차지했다. 사회 안에서 인정받고 싶었고, 인정받지 못하면 괴로웠다.

그러나 '주는 사랑'은 달랐다. 부족한 나를 고민하기보다는 사랑을 많이 줄 수 있는 나를 대견해 하는 시간이 많아졌다.

물론 재미라고는 1도 없는 동화책을 백만 번 읽다가 안데르센과 하늘에서 조우할 것 같은 기분을 느끼거나, 웃는 해님 얼굴과 자동차만 백만 장 그리다가 너무 피곤해서 오열을 한 날도 있었다. 폴리와 엠버 등에 둘러싸여 엠버가 내가 되고 내가 엠버가 되어 주화입마에 빠지는 날도 있었다.

어린 시절에도 안 외우던 공룡 백과 퀴즈에 거품을 물어야 하는 날도, 내 머릿속에서 영원히 사라질 것 같지 않은 〈헬로 카봇〉 시리즈 노래의 후렴구를 뇌에서 뽑아내고 싶은 날도 있었다. 아이들이 난장판으로 만든 집을 청소만 하다 하루를 보내는 날은 공허함과 피곤함으로 몸이 텅 비어버리는 것 같기도 했다.

그러나 나의 허접스러운 구연동화에 까르르 웃어대는 아이의 얼굴과 끊임없이 자신이 승리하는 가위바위보에 세상을 다 얻은 것처럼 뿌듯해하는 아이의 표정은 정말 내 인생에서 한 번도 본 적이 없는 특별한 빛을 내게 줬다.

비가 오는 날이면 빗방울 소리에 집중하고 유리창을 내다보면서 달팽이의 고달픈 삶을 이야기하거나, 우연히 아파트 단지 안에서 발견한 네 잎 클로버로 앞으로 다가올 100년 인생의 안락함을 (우리 마음대로) 보장받기도 했다.

나는 아이를 통해 인간의 인생을 첫 장부터 다시 살고 있었다. 인간은 이렇게 자라는구나. 한 살의 인간은, 두 살의 인간은, 세 살의 인간은, 그리고 네 살의 인간은······

이렇게 세상을 바라보는구나. 삶은 내가 홀로 성장할 때와 다른 모습을 보여줬다.

아이들의 눈을 통해서 읽은 세상 속에는 미처 몰랐던 이상한 생물도 발견되었고, 한 번도 자세히 보지 않았던 노을의 색깔도 있었으며, 암모나이트라고 우기는 동네 돌멩이도 있었다. 그 밖에도 수많은 세상의 속살들이 아이들의 눈을 통해 나와 만났다.

아이들과 함께하는 시간이 늘어나며 그 시간 속에서 나는 몇 번이고 중학교 때 읽었던 헤르만 헤세의 「아우구스투스」를 떠올렸다. 받는 사랑만 있을 때는 세상을 증오하다가 주는 사랑을 알고 나서 비로소 세상의 다른 모습을 보는 그.

엄마가 되어서야, 나는 겨우 아우구스투스의 행복을 이해하게 되었다. 받는 사랑으로 느낄 수 있는 소소한 우월감은 주는 사랑으로 채워지는 완벽한 행복감과는 비교할 수 없는 것이었다. 주는 사랑은 '넘사벽'의 어떤 경지였다.

물론 아이를 키우면서 힘든 순간도 많았지만, 그들의 미래를 둘러싼 수많은 수학과 욕망이 있지만, 아이와 나누는 사랑은 세상에서 가장 순수한 형태의 기쁨이라고 나는 지금도 생각한다. 어린 시절, 고향 밤하늘에서 그저 반짝여서 예뻤던 그 별들. 아이들은 그런 존재였다. 수많은 엄마가 태어나서 가장 잘한 일이 아이를 낳은 것이라고 하는 이유는 바로 이것일 것이다.

'그의 머리는 백발이 되었고 그의 눈은 병들고 충혈된 눈꺼풀 아래서 둔하게 미소 지었다. 기억력도 희미해져서 오늘과 다른 모습의 세상을 본 적이 없는 것처럼 느껴졌다. 그러나 그는 만족했고, 세상은 참으로 멋지고 사랑할만한 것이라고 생각했다.'

사람 귀한
나라의
애 엄마

임신에 대한
무례

과실나무에 달린 가장 큰 과일을 따먹지 않고 두어 다시 종자로 쓰는 것

:: **석과불식**(碩果不食)

그가 담배를 피워 물었다. 나의 눈은 믿을 수 없게 커졌다.

'지금 말을 해야 하는데, 지금 말을 해야 하는데.'

나는 알 수 없는 위축감에 타이밍을 놓쳤다. 다른 누군가가 이야기해주기를 나는 소심하게도 바라고 있었다.

눈앞에서 피어오르는 담배 연기를 멍하니 지켜보다가 탁자 밑으로 시선을 떨어뜨리면서 생각했다.

'저분이 설마, 못 들었던 걸까? 그럴 리 없을 텐데.'

아까 모두에게 술을 따라줄 때 아이를 가졌다고, 그래서 마시지 못한다고 하며 나는 분명 술을 받지 않았다.

'말을 해야 하는데, 말을 해야 하는데. 담배를 피우지 말아 달라고 말해야 하는데.' 그런데 묘하게도 나는 아무런 말을 하지 못했다. 처음 만나는 유명인사라는 중압감 때문이었을까. 화장실을 간다는 핑계로 나는 잠시 밖으로 나왔다.

그 자리에서 무슨 이야기가 오갔는지 기억이 잘 나지 않는다. 그저 내가 임신했다는 사실을 알면서도 그는 담배를 피웠고, 그 자리에 있었던 다른 이들도 아무도 제지하지 않았다는 사실이 나에게 충격으로 다가왔다.

그날은 여러 사람과 예전부터 존경해왔던 '지식인'을 만나는 자리였다. 기대했던 자리였고, 기다렸던 자리였다.

물론 그 자리에서 좋은 이야기들을 많이 들었다. 우리 사회가 나갈 길과 앞으로의 희망과 진보에 대한 이야기. 그렇지만, 그저 담배를 피웠던 그의 모습이 너무 충격적이어서, 다른 말은 기억에 제대로 남지 않았다. 옳은 말들, 정의로운 말들은 그저 연기처럼 흩어졌던 것 같다. 그 뒤로 한 번도 그분을 다시 만날 기회가 없었다. 다시 만난다면 꼭 한번 묻고 싶었는데. 혹시 기억은 나시는지, 혹시 알고도 피우신 건지.

사실, 이 사건뿐만이 아니다. 임신을 하고 나서, 우리 사회는 나에게 완전히 다른 곳이 되었다. 사람들은 어이없을 정도로 무례했다.

예를 들면 이런 식이다. 나이가 지긋한 남자 선배는 내가 식사를 하고 난 뒤 배부르다고 할 때마다 이미 배가 불렀으면서 무슨 배가 또 부르냐며 (본인 생각에만 재밌는) 농담을 했다. 여자가 배가 불렀다는 말 뒤에 비릿한 뉘앙스를 붙이는 것 같아 기분이 불쾌했다. 그러나 면전에 대고 이야기를 할 수 없었다. 나는 괜히 농담에 발끈하는, 그런 눈치 없는 사람으로 미움받을 용기 따위는 없었다.

남자 선배뿐만이 아니다. 임신을 경험한 여성 중에서도 본인들이 임신했을 때 얼마나 힘들게 일했었는지에 대해 '무용담'을 늘어놓으면서, 지금은 세상이 좋아져서 임신한 여자들이 편해졌다는 이야기를 하는 이들이 있었다. 그런 이야기들을 들을 때마다 나는 속으로, 대체 어떤 호응을 바라고 이런 이야기를 하는 걸까, 라고 생각했다. 노동환경 개선을 요구하는 노동자들의 목소리에 대고, 예전에는 훨씬 힘들어도 일만 잘했다고 하는 것과 뭐가 다르단 말인가.

임신은 정말 보통 일이 아니다. 나는 첫아이를 가졌을 때 몹시도 놀랐다. 임신 초기에는 몸이 새로운 차원으로 들어가는 듯한 느낌이 들었다.

몹시 졸릴 뿐만 아니라 입덧이 심할 때는 세상 전체가 어지럽다. 몸속에 구토를 유발하는 피들이 흘러다니는 것 같고, 소머즈처럼 모든 감각이 예민해진다. 한 번도, 예민한 사람의 인생을 살아본 적이 없던 나는 그때 세상이 새롭게 느껴졌다. 이런 예민한 감각도, 냄새도, 맛도 있구나 하고 깨달았다.

내가 아닌 다른 생물이 된 것 같은 느낌. 한번은 출근하는 버스 안에서 몸이 붕 뜨는 느낌을 받았다. 버스 전체가 뒤집힐 것만 같았고, 이대로 서 있다가는 몸이 땅에 곤두박질치면서 부서질 것만 같았다.

"학생, 좀 일어나 줄래요? 제가 임신을 해서 너무 힘들어요."

나오지 않는 목소리를 거의 쥐어짜 말했다. 내 앞에 앉아 있던 남학생은 갑자기 자기 어깨를 꽉 짚는 여자에게 심하게 놀란 듯 보였다. 엉거주춤 반강제로 자리를 양보한 학생의 팔에 의지한 채 나는 쓰러지듯 자리에 앉았다.

겨우 멀미가 조금 가라앉자 강제로 사람을 일으켰다는 사실이 자각되면서, 왠지 모를 부끄러움이 밀려왔다. 머리카락으로 최대한 얼굴을 가리고 창에 기댔다. 부끄러웠지만, 도저히 참을 수가 없었다. 사람들이 꽉 찬 출근 시간, 태어나서 한 번도 자각하지 못한 세상의 모든 냄새가 코로 들어왔다. 속이 울렁거리면서 식은땀이 났고, 몸은 부들부들 떨렸다.

아마도 경험해 보지 않은 이들은 모르리라. 그래서일까? 버스에서, 지하철에서 임신한 나를 보고 자리를 양보하는 이들은 모두 아이를 낳아본 경험이 있어 보이는 여성들이었다. 심지어 나이든 할머니들도 "얼마나 힘드냐"며 내 손을 잡아끌었다. 만삭에 가까운 내가 앞에 서 있어도 모르는 척하는 이들이 태반이었다. 그뿐이랴. 만삭은 아니었지만 배가 어느 정도 불렀을 때, 노약자석에 앉아 있는 내 발을 툭툭 찬 할아버지도 있었다. 큰 소리는 아니었지만, 그는 자신의 발끝으로 나의 발을 건드리며 나에게 들릴 정도의 목소리로 이렇게 말했다.

"젊은 년이 왜 여기 앉아 있어."

모욕감과 수치심에 자리에서 일어나 다른 곳으로 옮겼다. 때마침 붐비는 시간이라 서서 가야 했지만, 나를 내려다보던 그 무례하고도 상스러운 눈길을 견딜 수 없었다.

첫아이를 낳은 뒤 10년여가 다되어가지만, 지금도 인터넷에서 심심치 않게 지하철 노약자석에 앉아 있다가 봉변을 당한 여성들의 이야기를 들을 수 있다. 세상은 지난 10여 년 가까운 시간 동안에도 많이 변한 것 같지는 않다. 생명은 소중하고 아이는 귀하다고 하면서, 왜 이렇게 임신한 사람을 아무렇게나 대하는 것일까? 나는 지금도 이 이율 배반을 이해할 수가 없다.

무슨 애 엄마가?
이렇다!

학의 다리가 길다고 자르지 마라

:: 장자

요즘 말로 치자면 어린 시절부터 나는 매우 '문송(문과라서 죄송하다)'한 인간이었다. 국어와 영어, 사회 등 극히 문과적 과목을 제외하면 처참하도록 소질이 없었다. 그림을 너무나 잘 그리고 싶었지만, 나의 손 근육 DNA는 곰의 그것과 닮아 있었다. 그런데도 그림대회에 이상한 집착을 가지고 있었다. 담임 선생님의 추천 없이 나갈 수 있는 사생대회에는 모조리 나갔다. 그러나 마지막까지 정성을 다해 제출한 내 그림 속에는 언제나 개발과 괴발이 열심히 엉겨 싸우고 있을 뿐이었다.

개인적으로는 음악에 좀 소질이 있다고 생각했는데, 엄마는 돈이 없다며 피아노를 몇 개월만 가르쳤다. 결국 체르니 30번 앞장만 둥당거리다 그만두었다(그래도 덕분에 학창 시절 내내 체르니 30번까지 쳤던 여자라는 허세를 부리며 살 수 있었다). 물론 성인이 된 뒤 다른 악기를 배우면서 깨달았다. 내 핏속에는 풍류에 대한 열망만 있을 뿐 '재능'은 없다는 것을.

그러나 무엇보다도 학창 시절 내내 나를 가장 힘들게 했던 과목은 체육이었다. 뭐랄까, 지금 돌이켜봐도 10대 특유의 탄성이 나에게는 없었던 것 같다. 지금도 길을 지나가면 보이는 10대들에게는 물기 가득한 발랄함이 있는데, 기억 속 나의 10대 몸뚱이에는 아무리 되짚어 봐도 그런 게 없었다(그때도 외로워서 많이 먹었……).

체육 활동 중에서도 특히 싫어했던 것은 평균대에 올라가는 것이었다. 개구리 발을 가진 나는 발가락 다섯 개를 모두 펴는 엄청난 능력을 가졌지만, 그 대가로 넓은 발볼을 받았다. 그래서 평균대는 너무 좁았다. 발볼이 옆으로 처지는 느낌이라고나 할까? 다행히 체육은 자율학습 시간의 또 다른 이름쯤으로 알고 있는 대한민국에서 태어났기에, 평균대 위에 올라갈 일은 많지 않았다. 그러나 어쩌다 올라가기만 하면 땀을 뻘뻘 흘리며 무척 애를 먹었다.

평균대에서 추락했던 순간들은 한동안 내 기억 뒤편으로 사라졌었다. 바람 부는 날, 신장개업한 가게 앞 풍선 인형처럼 팔다리를 사방으로 휘저었던 내 모습, 반질반질하면서 사방은 닳아 있던 초록색 매트, 평균대에서 추락할 때 팔레트의 유화물감처럼 뒤섞이던 풍경, 체육관 특유의 메아리와 함께 퍼지던 누군가의 웃음소리…… 그리고 동시에 몸과 마음속에 퍼지는 기이한 낭패감.

20년 가까운 세월이 지난 뒤, 언제부턴가 가끔, 예기치 못한 순간에 나는 다시 평균대의 순간들을 마주했다. 그리고 내가 새롭게 올라선 평균대의 이름은 '애 엄마'였다.

2009년, 나는 아이를 낳은 지 1년 만에 다시 사회로 돌아갔다. 회사로 돌아가면서 다소 두근거렸다. 예전에 잃어버린 나의 지분을 찾은 것과 같은 느낌이랄까. 온통 엄마라는 글자만 박혀 있는 막에 둘러싸여 있다가, 내 이름 석 자를 불러주는 곳으로 돌아온 것이 아닌가. 그러나 다시 돌아온 사회는 예전과는 묘하게 달라져 있었다. 사람들은 그대로였는데, 내가 달라진 것이었을까? 아니면 나는 그대로인데 사람들이 달라진 것이었을까? 아직도 답은 모르겠다.

"어이, 애 엄마 얼굴 좋아졌네. 잘 지냈어? 근데 뭐야, 애 엄마가 손톱이 왜 이렇게 길어?"

그날이 언제였는지는 정확히 기억이 안 난다. 육아휴직을 하고 돌아와서 얼마 안 된 것은 분명하다. 상당히 오랜만에 나와 다시 얼굴을 마주한 한 선배가 환하게 웃으며 내게 '독특한 환영 인사'를 건넸다. 반가움이 일렁이던 내 마음은 순간 움찔했다. 긴 손톱을 가진 손가락 끝도 살짝 구부러졌다. 물론 선배는 농담조로 던진 말이었다. 그러나 그 말을 갑자기 받아든 나는, 뭔가 변명을 해야 할 것만 같았다.

"바빠서 자를 시간이 없……."

선배는 흘려서 한 말이었기에 제대로 듣지 않고 나를 스쳐 지나갔고, 나 역시 웅얼거려 말은 뭉그러졌다.

사실 일부러 기른 손톱이었다. 아이를 보는 동안 아이에게 조금이라도 상처를 입힐까 봐 내내 민둥민둥한 손톱으로 살다 직장 복귀 기념으로 한번 길러본 터였다. 뭔가 좀 치장하고 나서고 싶었기 때문이었다. 그런데 오자마자 '한방' 먹은 것이다. 선배는 별다른 생각 없이 던진 말이었을 것이다. 그러나 다짜고짜 들이닥친 손톱 검사에 나는 갑자기 주눅이 들었다. 좀 꾸며보려고 손톱을 길렀다는 말 대신 가짜 변명만 튀어나왔다.

손톱 검사뿐만이 아니었다. 분명 예전, 그러니까 애 엄마가 되기 전에는 만나지 못했던 규율과 규범들이 새롭게 내 인생에 훅훅 들어왔다(돌이켜 보면 임신 기간에는 '잘 먹으라'는 말만 많이 들었고, 나는 물론 그 말들에 충실히 임했다).

대부분의 사람이 대수롭지 않게 애 엄마가 된 나의 몸가짐에 대해 평가를 했다. 남성과 여성, 혹은 청년층과 장년층을 가리지 않았다. 대부분 손톱 검사처럼 가벼운 말투였으며, 악의는 없는 듯했다.

엉덩이 부분에 스팽글이 달린 청바지, 혹은 호피 무늬 킬힐, 조금이라도 과감한 옷을 입고 온 날에는 꽤 높은 확률로 '애 엄마의 정체성'에 대한 말을 한마디씩 들었다.

"애 엄마가 이런 거 입어도 돼?" (악의는 없는 웃음 1)

"오, 애 엄마가 이런 것도 입고." (악의 없는 웃음 2)

"무슨 애 엄마가 이렇게 멋을 내." (악의 없는 웃음 3)

물론 나는 결혼 전에도 비교적 독특한 패션을 추구했기 때문에, 친구 및 가족들로부터 지적을 많이 받아왔다 (예를 들자면, 그렇게 이상한 모양의 블라우스를 설마 돈을 주고 샀나. 네가 입고 있는 바지가 세상에서 제일 불쌍한 바지다. 너의 허벅지 때문에 바지의 실들이 비명을 지르는 게 보이지 않느냐. 나 같으면 누가 돈을 준다고 해도 그렇게 못 입겠다 등등). 그래서 패션에 대한 지적에는 내성이 꽤 강한 편이었다. 그럼에도 불구하고 반복되는 '애 엄마' 지적은 나를 조금씩 주눅 들게 했다. 뭔가 묘한 불편함을 느꼈다. 처음에는 그 이유를 알지 못했다. 예전에는 남들이 내가 입는 것에 대해 뭐라고 말해도 전혀 개의치 않던 내가, 왜 정색하는 비난도 아닌 농담에 이렇게 민감하게 반응하는 것일까? 왜일까? 도대체 왜일까? 내가 너무 지랄 맞게 예민한 성격이라서?

한참을 생각하고 나서야 불편함의 이유를 알았다. 첫째, 횟수가 너무 많다. 똑같이 입어도 예전에는 내 스타일로 받아들이며 아무 말 않던 사람들이 이제는 애 엄마라는 틀에 나를 넣어놓고 그 기준에서 바라보기 시작한 것이다. 그러니 당연히 횟수가 늘어날 수밖에 없다. 둘째, 부정적인 선입견이 들어 있다. 특히 '애 엄마가 이런 거 입어도 돼? 멋을 내도 돼?'라고 묻는 물음표 뒤에는 '안 된다'는 답이 숨어 있었다.

언젠가 빨간색 트렌치코트를 입고 갔을 때는 "애 엄마가 그렇게 입고 뭐 하려고?"라는 말을 듣기도 했다. 나는 그날 그렇게 입고 퇴근 후 장 보러 갔다.

그런데 재밌는 것은 그다음이다. 편한 모임에 나갈 때 다소 후줄근하게 입고 나가면, 또다시 환하게 웃으면서 이렇게 말하는 이들이 있다.

"애 엄마라고 너무 신경 안 쓰는 거 아냐?"

그렇다면 애 엄마라는 이름의 평균대 위에서 균형은 도대체 어떻게 잡아야 하는 것일까? 그러기 위해서는 사회적 시선에 대한 분석이 필요한데, 애 엄마를 검색한 기사들에는 온통 물음표만 만발했다.

'금발도 완벽소화 배우 ○○○ 애 엄마 맞나?', '세월을 잊은 몸매 애 엄마 맞나?', '배우 ○○○ 밀착 드레스로 늘씬한 몸매 과시 애 엄마 맞아?', '수영복 입은 배우 ○○

○ 애 엄마라고 믿기 힘든 몸매', '뇌쇄적 매력 폭발 애 엄마 맞아?' 검색 엔진이 0.38초 만에 쏟아낸 기사들은 이렇게 쉴새 없이 묻기만 했다.

그래도 열 번을 양보해 위에 언급된 기사들을 토대로 논리적 추론을 해 본다. 일단 애 엄마는 금발을 완벽하게 소화해서는 안 된다. 몸매는 세월을 잊지 말고 구석구석에 잘 새기고 있어야 하며, 밀착 드레스를 입을 경우 늘씬해서도 안 된다. 수영복을 입었을 때 애를 낳았다는 확신을 줄 수 있는 몸을 보여줘야 한다. 그리고 뇌쇄적 매력 따위는 폭발물 처리반에 신고해야 한다.

하…….

어쨌건 나는 그래도 꾸준히 내가 입고 싶은 대로 입고 다녔다. 물론 애 엄마 패션을 운운하는 사람들이 몇몇 있기는 했어도, 다녔던 회사 자체가 한국 사회 대부분의 직장에 비해 자유로운 분위기였다. 무엇보다 애 엄마가 되었다는 이유로 나를 바꾸고 싶지는 않았다. 그냥 '무슨 애 엄마가 이렇다'고 대꾸를 해줬을 뿐이다.

사실 패션뿐만이 아니다. 사람들은 헌신적이고 희생적인 '애 엄마'의 이상향을 세워놓고 그 틀에 조금이라도 벗어나는 엄마들을 쉽게 비난한다. 모유가 충분한 데도 분유를 선택하는 엄마, 자기의 패션을 위해서 넉넉하게 돈을 쓰는 엄마, 아이들을 맡기고 독립적인 시간을 가지는 엄마 등등. 비난의 말은 대개 이렇게 시작한다. 무슨 애 엄마가 이렇냐. 그런데, 무슨 애 엄마가? 이럴 수 있다!

나는 세상에는 많은 사람이 존재하고, 우리는 모두 개인의 개성을 존중해야 한다고 배웠다(설마, 나 잘못 배웠나?). 세상의 모든 엄마는 아이를 낳기 전에는 그저 다양한 성격과 가치관을 가진 평범한 여성이었을 뿐이다.

애를 낳으면 이런 개성이 존중받을 권리는 사라지는 것일까. 애를 낳는다고 해서, 갑자기 모든 여자가 양수의 세례를 받고 '애 엄마'라는 존재로 태어나는 것도 아니지 않나.

사람들이 정해놓은 평균적인 '애 엄마'라는 이름의 평균대는 지금도 내게는 너무 난이도가 높다. 아마 그렇게 느끼는 이는 나뿐만이 아닐 것이라고 짐작한다(혹시, 나만 그런 건가?). 그런 평균대들을 만날 때마다 나는 이제 과감히 평균대에서 내려오는 걸 택하려 한다. 무슨 애 엄마가? 이렇다!

말로만
가화만사성

왜 세상은 온통 푸시인가? 왜 세상은 푸시맨만 있고 풀맨은 없는 것인가?

:: 박민규, 「카스테라」

"저희 집 가훈은 '가화만사성'입니다. 가정이 화목하면 모든 일이 잘 된다는 뜻입니다."

친구는 또박또박 발표했다. 하얀 블라우스를 입은 예쁜 친구의 얼굴이 그날따라 더욱 뽀얗게 보이는 순간이었다. 순서상 다른 한 명이 발표한 다음이 내 차례였다. 낭패였다. 우리 집 가훈도 가화만사성이었기 때문이다. 물론 진짜 우리 집 가훈은 아니었다. 내가 마음대로 어디서 집어온 가훈이었다.

초등학교 숙제로 가훈조사를 받았던 그때(아홉 살인가 열 살 때인가) 우리 집에는 가훈이 없었다. 먹고살기 바빠서 가풍이니 가훈이니 하는 중산층의 여유를 즐길 새가 없었기 때문이다. 그렇지만 가훈을 조사해오라는 학교 숙제에 '없다'라는 답을 들고 가기는 싫었다. 우리 집의 '뭐 없는' 민얼굴을 보여주는 것만 같은 느낌이었다. 혹시나 하는 마음에 엄마에게 혹시 가훈이라는 게 있냐고 물었다. 그러자 엄마는 "있으면 진작 알려줬을 것"이라는 당연한 대답으로 나를 겸연쩍게 만들었다.

그래서 나는 초등학생 눈에는 뭔가 있어 보이는 '가짜 가훈'을 가져가기로 했다. 그렇게 집어 든 게 가화만사성이었다. 언젠가 한 중국집에 걸려 있는 액자 속에서 가화만사성이라는 글자를 본 적이 있었기 때문이다. 한자로 써 있는 것을 내 착한 언니가 풀어 설명해줬다. 물론 짜장면 면발에서 눈을 떼지 않고 듣기는 했지만, 내용은 대충 기억하고 있었다. 가족이 화목해야 모든 일이 잘 된다.

나름 '고급진' 가훈이라고 생각하며 건진 것이었는데, 그걸 앞에서 누가 채 가다니. 그래도 자존심은 있어서 나만큼이나 예쁘고 나만큼이나 공부도 잘했던 친구가(초등학교 시절 나는 잠깐 '잘난 체 병'을 앓은 적이 있다) 이미 써먹은 가훈을 발표하고 싶지 않았다.

    내 차례가 되었다. 주눅 들지 않으려고 배를 내밀고 큰 목소리로 말했다. "저희 집 가훈은 '가족끼리 사랑하자'입니다. 가족끼리 사랑해야 모든 일이 잘 된다고 부모님이 생각하시기 때문입니다." 사실 단어만 몇 개 바꿨지, 내용은 가화만사성과 별반 다를 것이 없었다. 내가 생각해도 허술하기가 당나라 군대에 버금가는 임기응변이었다. '제가 좋아하는 음식은 김치찌개는 아니고 김치에 물을 넣고 끓이고 졸여서 만든 음식입니다'와 무엇이 다르다는 말인가.

    그런데 여기서 식스센스 급까지는 아니고 소년탐정 김전일 급의 반전이 일어났다. 가화만사성을 들고 온 녀석들은 나를 제외하고도 꽤 많았다는 것이다. 심지어 '하면 된다'와 함께 가훈 챔피언 자리를 놓고 뜨거운 경쟁을 벌이기까지 했다(실제로는 대부분의 집에 가훈이 없는 것은 아닐까 하는 똘똘한 어린이다운 '합리적 의심'도 해 봤다).

    개인적으로는 쓸쓸한 기억이 묻어 있기는 하지만, 대

표적인 가훈으로 꼽힐 만큼 가화만사성 자체는 우리 사회에서 가장 사랑받는 말 중 하나다. 신문에서 방송에서 수없이 들었다. 이혼을 고민하는 시청자 사연이나, 가족의 일로 구설에 오른 정치인의 기사에나, 심지어 남성들의 성공 카운슬링 글에도 심심치 않게 등장한다. 가족이 화목해야 모든 것이 잘된다고.

어른이 되고서야 나는 깨달았다. 내가 사는 이곳에서 가화만사성의 용도는 그저 밋밋한 중국집 벽을 채워줄 액자 이상이 아니었다는 것을. 가정, 기업, 사회, 국가에서 가정은 그냥 아무렇게나 막 대해도 되는 어떤 것이라는 것을.

실제로 우리나라가 좇는 말은 '기업만사성'이다. 기업이 잘되어야, 경제가 잘되어야, 라는 말은 번쩍번쩍 빛난다. 아이를 낳고, 아이를 돌보고, 아이를 키워내는 가정 구성의 기본적인 일들은 맥없이 구석에 처박혀 눈치만 보기 일쑤다.

20대에 언론사 시험공부를 위해 현직 언론인들이 쓴 책을 꽤 여러 권 읽었다. 그중에서 가장 기억에 남는 것은 패밀리 레스토랑에서 가족과 단란하게 식사하는 PD는 절대 성공할 수 없다는 말이 방송가에서 돈다는 것이었다. 물론 당시엔 나도 언론사에 붙기만 한다면 패밀리 레스토랑 따위에는 눈길도 돌리지 않으며, 떡볶이만 철근처럼 씹어 먹으면서 회사에 나의 몸과 마음을 투신하리라 이 글거렸었다. 일의 가치를 삶 중심에 놓는 삶, 개인적인 사생활 따위는 없는 '치열한 인생'이 최고라고 생각했다. 어린 시절부터 읽었던 수많은 책 속에서 성공하는 잘 사는 삶이란 그런 것이었기 때문이다(다시 한 번 강조하지만, 사람은 이래서 잘 배워야 한다).

그러나 결혼을 하고, 특히 아이를 낳고 나서 나는 그 문구의 야만성을 새삼 놀라운 마음으로 곱씹게 되었다. 성공한 PD 뒤편에 있었을 가족에 대해 생각할 수 있게 된 것이다. 패밀리 레스토랑 한 번 제대로 못 가는 PD들의 가족은 전생에 이완용이었던가? 그들은 무슨 죄인가? 사회적 성공을 위해 가족 구성원으로서의 나의 위치는 회사에 반납해야 하는 것일까?

물론 실제로 반납한 사람들도 있었다. 회사에서는 더 없이 힘이 넘치는 아빠이지만 아이가 학교에서 그려온 그림 속 그 아빠는 이불에 누워만 있는 어떤 사람이었다는 것이다(물론 그 이야기를 전해준 선배의 초점은 이불 속 아빠가 아닌 직장에서 승승장구하는 아빠였지만). 얼마 전 크게 인기를 얻었던 만화 『미생』 속 오 차장도 마찬가지다. 회사에 사직서를 내고 가족 여행을 떠난 그는 아이들과의 대화 속에서 삐걱거리다가, 그만 대화를 포기해버린다. 분명 만화 속 인물이었지만, 수많은 이가 오 차장 속에서 자신을 봤다고 말했다.

이처럼 가정을 소중히 하는 사람을 배척하는 사회에서 아빠들에게 선택지는 많지 않다. 그리고 가정의 공은 엄마에게 자연히 넘어온다. 교육기관에서의 행사 참여나 병원 진료는 대부분 엄마들의 몫이다. 직장 다니는 엄마도 예외는 아니다. 그래서 엄마들은 눈치가 보여도 휴가를 내거나 조퇴를 해서 아이의 행사에 참여한다.

물론 직장에서는 민폐 동료로 낙인찍히기에 십상이다. 재밌는 것은 직장 동료 여성의 가족 행사 참여를 민폐로 낙인을 찍는 남성들도, 일하는 자기 부인은 알뜰살뜰히 자식들을 돌보기를 바란다는 것이다. 동료 여직원도 다른 가정에서는 누군가의 엄마이자 부인이라는 명백한 사실(밥 안 먹으면 배고프다는 신생아급 논리력만 갖춰도 알 수 있는)은 은하철도 999에 실어 보낸 채 말이다.

아이가 크게 아프기라도 하면 상황은 더욱 비극적으로 변한다. 아빠가 일이 많을 경우에는 아이를 제대로 돌보지 못할 수도 있다. 그러나 엄마가 일이 많아 아이를 제대로 돌보지 못한다면? 그 엄마는 갑자기 사방에서 욕을 끌어당기는 강력한 자기장을 탑재하게 된다. '비정한 엄마', '이기적인 엄마' 등딱지가 날아와서 척척 붙는다. 어떻게 엄마가 아이보다 직장이 먼저일 수 있느냐는 말들로 시원하게 폭포 수련을 할 수도 있다. 그 밑에서 소리를 지르다 보면 무형문화재급 득음도 남의 행운만은 아니다. 아이의 독감과 회사의 프로젝트가 겹쳤기에 시어머니에게 아이를 맡기고 늦게 들어왔다가 '이기적인 애미'라는 말과 욕 한 바가지로 전신 샤워를 했던 이야기는 떠돌아다니는 괴담이 아니라 내 지인의 경험담이다.

이 같은 사회 분위기 속에서 여성의 임신과 출산과 육아는 많은 회사에는 보장해야 할 권리가 아니라 그저 곤란한 일이다. 얼마 전 금복주라는 주류회사에서 결혼과 동시에 모든 여성을 퇴사 조치시키는 선캄브리아 시대급의 인사 정책을 시행할 수 있었던 것 역시 이 때문이다.

"아이를 낳으면 화장실 가서 질질 짜기 시작한다"라는 금복주 회사 직원의 인터뷰는 분명 지난 2016년 한국에서 이뤄진 것이었다.

내 경우에도 멀리 갈 것도 없다. 예전에 잠시 몸담았던 회사에서 나이 든 임원이 회사에서 제일 골치 아픈 것이 바로 '육아휴직' 내는 여자들이라고 말하는 것을 직접 들었다. 그 이야기를 한 본인도 출산과 육아 경험이 있는 여성이었다.

현실이 이런 판에 가화만사성이라······. 짜장면이 벌떡 일어나 붓글씨를 쓸 법한 소리 아닌가. 정부는 아이를 낳으라고 말하지만, 아이를 키우는 것이 민폐인 사회 앞에서 아이를 들고 당당하게 설 수 있는 사람이 얼마나 될까?

주변의 미혼 여성들은 자신의 앞 세대 여성들의 일상과 직장 생활이 호되게 망가지는 것을 보고 알아서 피한다. 그럼에도 요즘 한국 여자들이 이기적이라서 애를 안 낳으니, 말 잘 듣는 동남아 여성이나 데려오자는 말을 하는 세상이다.

이럴 거면 가훈이니 뭐니 들먹이지 말고, 가정의 화

목이 중요하니 괜히 떠들지 말고, 가화만사성이라는 말은 그냥 요릿집 액자 뒤에 넣어두었으면 좋겠다. 21세기가 시작된 지 한참이 지났지만 여전히 우리에게 중국 철학의 정수가 담긴 가화만사성은 지나친 사치가 아닐까, 라는 생각마저 든다.

나에겐 너무 비싼
'사회적 쓸모'

여러분 안에, 그리고 내 안에, 그리고 설거지를 하고 아이들을 침대에 재우느라 오늘 밤 이곳에 참석하지 못한 수많은 다른 여성 안에 그녀는 살아 있습니다.

:: 버지니아 울프, 「혼자만의 방」

남편의 회사에는 주재원들을 파견 보내면서 그 배우자에게 '교육'을 시키는 제도가 있었다. 당시 나는 직장에 다녔지만, 그래도 남편이 참여는 해야 할 것 같다기에 하루 휴가를 내고 참석했었다. 회사 현황에 대한 간단한 소개와 비즈니스 매너(사실 써먹을 일은 별로 없었지만) 등을 간단하게 배웠다. 그런데, 그날 나의 옆 테이블에 앉으신 여자분의 표정이 무척 심드렁했다. 교육이 정확히 어디까지 진행되던 상황인지는 모르겠지만, 우연히 그분이 남편에게 무척 낮고 빠른 목소리로 말하는 것을 듣게 되었다.

"당신 때문에 내 사회생활은 이제 끝이야."

아마도 주재원이 된 남편을 따라 국외로 가면서 직장을 그만두었나 보다, 하고 짐작했다. 당시에는 아직 둘째 소식이 없었기에 나는 절대 그만두지 않을 것이라 자신했다. 힘들게 얻은 직장에 내 손으로 사직서를 내는 일은 있을 수 없는 일이라 생각했다. 그러나 내가 우주 명작으로 꼽는 만화 『강철의 연금술사』에 나온 말은 역시 틀림이 없었다. '있을 수 없는 일이라는 것은 있을 수 없다.'

나는 그때 교육에서 만났던, 얼굴은 기억이 안 나고 목소리만 남아 있는 그 여자분과, 어찌어찌하는 이유로 같은 길을 가게 되었다. 바로 '경력 단절'이라는 낯선 섬. 과연 내가 그곳에서 다른 곳으로 옮겨갈 수 있는 다리를 찾아낼 수 있을지 아직도 모르는 섬.

물론 내가 내린 결정이었다. 그러나 퇴직하고 나서 계속 마음 한편에 자리 잡은 불안은 사라지지 않았다. '나는 이제 돌아갈 곳이 없어진 건가. 다시 출구를 찾기 위해 또 얼마나 먼 길을 가야 할까.' 세상에서 가장 사랑하는 가족을 위한 결정이었기에 후회는 말자고 수없이 다짐했다. 살면서 내가 나에게 이렇게 수많은 격려를 보낸 적은 없었던 것 같다.

우선 중국어 공부에 더 매진했다. 중국에 오면서부터 배웠던 중국어였지만, 사표를 낸 뒤에는 더욱 열심히 학원에 다녔다. 실력은 늘었지만 불안은 줄지 않았다. 매일 한국에서 쏟아지는 취업난 뉴스와 내 앞으로 성큼성큼 다가오는 30대 후반의 무게가 나를 눌렀다. 한국으로 돌아가는 그해, 나는 서른일곱 살이다.

한국에 돌아가면 당연히 다시 직업을 찾을 생각을 하고 있었다. 한번 끊긴 길을 다시 잇는 게 쉽지는 않을 것이다. 그러나 지난날 나의 노력과 꿈을 그대로 포기하기엔 너무 아깝다는 생각이 들었다. 그런데 혹시, 혹시라도 만에 하나 귀국하고 몇 년 뒤 남편이 다시 국외발령이 나면 어쩌지? 그때 나는 어떤 선택을 할까? 나름대로 자신도 있었다. 기자라는 직업에서 제대로 역량을 발휘하지 못했지만, 중국어에 영어까지 하는 나라면 어느 곳에서든 쓸모가 있지 않을까? 이런 아무 소용없는 공상으로 혼자 거대한 만리장성을 쌓았다가 허물면서 마음속엔 두꺼운 주름들만 늘기 시작했다.

게다가 타국에서의 생활은 외로웠다. 외국이기에 한인 공동체 규모는 크지 않았다. 소문은 그야말로 날개를 달았다. 누구에게도 쉽게 속내를 드러내기 힘들었다. 사람을 사귈 시간도 넉넉지 않았다. 이곳에서는 함께 밥을 먹고 차를 마시며, 골프를 치거나 쇼핑을 다니는 것 등이 친분 관계 유지의 정석이었다. 그러나 아이들이 아직 어린 탓에 내게 주어지는 여유 시간은 그저 한 줌. 중국어 학원을 마치고 집에 돌아와 집안일을 하다 보면 어느새 오후였고 아이들이 유치원과 놀이방에서 돌아왔다.

주변에는 친지도, 오래된 친구도 없었다. 긴밀하게 소통하는 이는 그저 남편뿐이었다. 모든 생활의 중심에 남편과 아이들이 놓였다. 남편에 대한 나의 정서적 의지도도 이전에 비해 훨씬 높아졌다. 물론 남편 역시 퇴근 뒤 대부분의 시간을 가정에 할애하려고 노력했다.

그러나 남편이 늦게 들어오는 날이 잦을 때는 심한 우울함에 시달리기도 했다. 부부 관계의 균형추가 남편 쪽으로 기운 듯했다. 한번은 내가 "이제 나에겐 사회생활이 아예 없다"라고 한탄하자 남편은 "다른 전업주부도 다

그래. 당신이라고 특별할 건 없어"라고 말했다.

그저 나의 답답함을 알아줬으면 하는 바람에서 한 말인데 남편의 퉁명스러운 반응. 남편은 "기분이 나빴다면 사과한다"고는 했지만, 왠지 무시당한 느낌에 오래도록 서운한 감정이 남았다.

나는 얼마 전에 지인의 부인이 등단했다는 소식을 들었다. 아이 둘을 키우면서 전업주부로 살아온 분이었다. 그분이 가장 기뻐한 일은 이제 본인의 '사회적 쓸모'를 찾았다는 것이었다. 물론 전업주부로 지내는 것이 잘못된 일은 아니다. 친구 중 한 명은 결혼 전엔 자신이 이렇게 육아와 살림에 재능이 있는 줄 몰랐다며, 전업주부의 역할을 누구보다도 만족스럽게 여기며 산다.

그러나 우리 세대의 여성 중에는 가정 내에서의 쓸모보다는 '사회적 쓸모'에 목말라 하는 이들이 많다. 교육을 받는 내내 우리가 꿈꿔왔던 것은 나의 '사회적 역할'을 통한 자아실현이었지, 아이의 사회적 역할을 통한 대리 자아실현이 아니었기 때문이다.

충분한 교육을 받은 여성이 직업을 얻고, 결혼을 한 뒤 아이를 낳고서도 직업을 유지한다는 현실적인 목표를 달성하기에 우리 사회는 너무 초현실적이다.

인간은 자웅동체 동물이 아니다. 여성과 남성은 함께 아이 출산 및 양육에 대한 책임을 진다. 그러나 육아를 맡아야 할 남성들의 육아휴직은 전시장에 놓인 전시품일 뿐 사용할 수는 없다. 어디에나 있지만, 어디에도 없는 예술적 경지의 제도가 되었다. 남자들의 육아휴직을 들고나오면 중간의 간부들이 전시품이 현실 세계에서 나돌아다니는 것을 알고 기절초풍을 하여, 다시 유리 공간 뒤로 밀어 넣어버리는 경우가 허다하다.

여성이 출산휴가와 육아휴직을 얻는 과정도 비굴하기는 마찬가지다. 그나마 현실 세계에서 종종 발견은 되지만, 그것을 얻어내는 과정이 지난하다. 출산휴가와 육아휴직은 내는 사람은 '사장님이 정해진 법을 지키도록 해드리는 것뿐인데, 왠지 내가 범법자가 되는 것 같은 이 마법 같은 상황은 뭐지'라는 초현실적인 의문에 시달리게 된다.

나 역시 그랬다. 아이를 낳아 육아휴직을 신청할 때 사람들은 "그나마 우리 회사여서 얼마나 다행이야", "회사 복지가 잘되어 있는 걸 고마운 줄 알아야 해"라고 말했다. (언제나 그렇듯 세상이 정한 규범에 순응했던지라) 나도 고맙게 생각했다. 미안한 마음도 들었다. 그런데 시간이 지나서 생각해 보니 이것도 뭔가 이상했다. 내가 일하던 곳은 정부와 기업이 육아휴직과 출산휴가 보장을 해야 한다고 적극적으로 목소리를 높이는 언론사였다. 그런데 그 내부의 사람들도 법률로 정해진 휴가와 휴직을 '시혜적 시각'에서 보고 있었다. 물론 인력구조 등 여러 상황이 배경이 되었다는 것도 알고 있다. 그러나 육아휴직을 내는 사람에게 '고마워하라'는 이야기는 내가 법을 지켰으니 네가 고마워하라는 상황이 아니던가. 회사가 법을 지키는 건 당연한 거 아닌가?

물론 이 같은 어지러운 불일치는 아마도 우리 사회가 변해가는 과정이기 때문에 발생한 것이라 본다. 다만, 우리나라는 육아환경에 있어 변화속도가 지독하게 느리다. 여성들의 경우에도 육아휴직을 못 쓰는 경우가 여전히 허다하며, 1년을 채우는 곳은 드물다.

그뿐인가? 아이를 양육하는 기관들에서는 학대문제가 지속적으로 발생한다. 들여다보면 열악한 교사 처우와 같은 구조적 문제들과 지원 부족이 얽혀 있다. 불안한 부모들이 스스로 육아에 나서는 경우도 적지 않다.

    나는 가끔 꿈을 꾼다. 만약 우리에게 보장된 육아휴직 기간이 더욱 길었다면? 아니면 든든한 보육 기관과 사회적 기관이 있었다면? 그랬다면 나는 중간에 직장을 그만두었을까? 아직 우리 사회에서 '사회적 쓸모'는 여자들에게만 너무 비싼 값을 받는다.

경단스텔라
S/T/A/Y

"부모는 자식을 위해 유령 같은 존재가 되는 거지."

:: 〈인터스텔라〉

    책장에서 책이 툭툭하고 떨어진다. 유령이 밀어서 떨어뜨린 것처럼 이상하게 떨어진 책. 그러나 영화 속 명석한 남자주인공의 딸은 책장 속 빈틈을 이용해 모스부호를 읽어낸다. 그 안에 담긴 메시지는 바로 에스…… 티…… 에이…… 와이…… 스테이. 머물러라. 허황된 우주 계획을 위해 떠나지 말라는 메시지를 5차원 속에 갇힌 미래의 남자주인공이 현실의 자신에게 보낸 것이다. 그러

5부 · 사람 귀한 나라의 애 엄마

나 현재의 주인공은 미래의 자신이 보내는 메시지를 끝내 잡지 못하고 우주로 떠난다.

그리고 2014년, 경력단절과 새로운 구직에 지쳐 있던 나는, 우주의 어느 차원 속에서 책장의 뒷면을 두드리는 주인공의 절박한 모습 속에서 나를 봤다. 신촌의 어두운 극장 맨 뒷좌석에서 나는, 2012년 속으로 들어가고 있었다. 생각을 했다. 중국의 어느 아파트 방에서 노트북을 앞에 두고 크게 심호흡을 하고 있던 나에게로. 회사에 퇴직 의사를 밝히는 그때로. 그러면 나도 나에게 메시지를 남길 텐데. (그냥 회사에) STAY.

2014년에 나는 한국으로 돌아왔다. 드디어 고국 땅을 밟았다는 설렘만큼 어서 한 달이라도 나이를 더 먹기 전에 취업을 해야겠다는 조급함이 교차했다. 그래서 서류를 넣었다. 놀랍도록 적은 곳에서 연락이 왔다(서류 탈락이 확인된 날은 인재를 몰라보는 것들이라고 그들을 비웃으며 고기를 구워 먹었다. 내 급성 우울증의 치료 약은 왜 때문에 언제나 고기인지 나도 잘 모르겠다).

수많은 서류 탈락 끝에 첫 면접을 보던 날, 면접장에 들어가기 전에 거울 속의 나를 바라봤다. 음, 나이에 비하면 동안이야(나이가 들어도 주렁주렁 열리는 근자감 열매). 다만 정장 치마에 밀려 힘들어하는 나의 허벅지에게는 조금만 참으면 편안한 추리닝으로 갈아입어 주겠노라고 약속하며 화장실을 나섰다.

영어 필기시험도 통과했던 터라 자신이 있었다. 최대한 담담하게 행동하려 했다. 긴장하고 있는 것을 알려주고 싶지 않았다. 그러나 이럴 수가! 예전 언론사에 면접을 보러 갔을 때보다 더 긴장이 되었다.

나이가 지긋한 남자 면접관들이 내 앞에 앉아 있었다. 이력서를 뒤적거리던 그분들의 눈빛은 내가 기존의 면접에서 봐왔던 눈빛들과는 분명 달랐다. 한눈에 알 수 있었다. 눈빛의 무게가 훨씬 가벼웠다.

"애가 둘이네요."

첫 번째 면접관이 입을 열었다. 그러자 다음 면접관이 바통을 받았다.

"몇 살이에요?"

일곱 살. 다섯 살. 나의 답변이 이어지자 면접관들의 눈빛은 헬륨 가스가 들어간 놀이공원의 풍선처럼 더욱 가벼워졌다. 그들은 이미 나를 걸러내고 있다는 것을 느끔적인 느낌으로 느꼈다. 말이 꼬이기 시작했다. 수줍은 마음으로 몇 개월 동안 준비했던 고백을 단칼에 거절당한 10대처럼(절대 나의 경험담은 아니다) 나는 당황했다. 당연히 떨어졌다.

그리고 그 뒤로 계속 이어진 면접에서 '한참 손이 갈 시기의 아이 둘' 이것이 나의 정체성이라는 것을 뼈저리게 느꼈다. 다시 공부해서 얻은 고득점 토익도, 중국어 고급 성적표도 한낱 부질없는 것이 될 수도 있다는 생각은 차곡차곡 쌓이며 결국 목 밑까지 왔다. '나는 이대로 끝인가.'

물론 취업난이 심한 가운데 새로 직장을 얻는 것은 쉽지 않은 일일 거라고 예상했었다. 그러나 아무도 나의 능력을 궁금해하지 않으리라는 것은 전혀 예상하지 못했다.

가장 기억에 남는 것은 한 공사의 인터뷰였다. 단체 인터뷰였는데, 내 인생에서 가장 바보처럼 말한 순간 베스트 3에 당당히 이름을 올릴 수 있는 순간이다.

일단 같이 들어간 이들 중에 나를 제외한 모든 사람이 그 분야에서 엄청난 경력을 가지고 있었다. 필기시험만 통과했지, 해당 분야의 실무적인 경험이 적었던 나는 압도당했다. 게다가 나처럼 아이가 두 명 있는 사람은 없었다. 나를 좋아한다고 굳세게 믿었던 남학생이 사실은 내가 아닌 내 친구에게 관심을 가지고 있다는 것을 알고 아노미에 빠진 사람처럼(이것 역시 절대 나의 경험담은 아니다) 얼굴이 붉게 달아오르기 시작했다.

자신의 단점을 어떻게 보완하겠냐는 면접관의 질문에 "열심히 하고 싶지만, 저는 다른 분들보다는 잘 못할 것 같아요"와 다름없는 말을 어리바리하게 뱉어놓으며 면접을 마쳤다(그날 밤 내내 나는 그 면접을 곱씹어봤다. 정신없이 이불킥을 하며 이불을 명왕성까지 날려버렸다). 꼭 들어가고자 한 기업은 아니었지만, 갑자기 그렇게 불 위에 놓인 오징어처럼 쭈그러든 나의 모습이 너무 충격적이었다. 자존감이 어디론가 조금씩 새어나가는 것 같아 두렵기만 했다.

그 면접을 마친 날, 집으로 돌아와 낮 동안 계속 텔레비전을 봤다. 채널을 돌리다 문득 나의 시선을 잡은 것이 있었다. 〈늑대아이〉. 늑대인간을 사랑한 인간이 늑대의 속성을 가진 아이들을 키우는 내용의 애니메이션이었다. 영화는 상당히 긴 시간을 아이들을 키우는 과정을 설명하는 데 할애하고 있었다. 아무도 관심을 기울이지 않는 씻고, 먹이고, 입히고, 재우는 그 지난한 과정들. 그리고 그 속에 맺히는 애틋한 마음들. 영화를 보면서 나는 내내 울었다. 그냥 아이를 키우는 과정을 보여준 것뿐인데도, 누구도 알아주지 않은 것 같은 나의 시간에 대해 수고했다고 이야기해주는 것만 같았기 때문이다.

물론 그 뒤로도 몇 번의 면접을 거쳤다. 대기업에서 한다는 경력단절 여성만을 위한 채용에도 응시를 해 면접 기회를 얻었다. 그리고 나는 그곳에서 끝내 알게 되었다. 우리나라에서 여성의 경력단절은 '경력테러'의 다른 말이구나. 면접을 위해 간 건물, 수백 명을 수용하는 강당에는 빛나는 눈빛을 가진 여성들이 꽉 들어차 있었다. 설렘과 불안함의 기운이 가득 채워진 그곳의 분위기는 다른 의미로 압도적이었다. 그리고 벽에 붙은 응시자들의 면면이 적힌 게시물을 보는 순간 나는 다시 놀랐다. 대부분 나보다 나이가 어렸다. 아름답고 젊으며, 생기가 넘치는 이분들은 무슨 이유로 이곳에 와 있을까.

의문을 안고 들어간 면접장에서 만난 면접관들도 나와 같은 의문을 가지고 있었다. "저희도 깜짝 놀랐어요.

이렇게 화려한 경력을 가진 분들이 오실 줄은······." 정말 그렇게 화려한 경력을 가진 사람들은 왜 모두 이 '경단 여성의 섬'에 들어오게 된 것일까.

그렇게 경력단절 여성으로서 쌓은 경험들은 〈인터스텔라〉 영화 속 5차원 세계인 것 같았다. 나는 어느 곳에도 발을 붙이지 못한 채 우주에서 둥둥 떠다니며 언젠가는 해답을 찾을 수 있다는 헛된 희망을 향해 가는 것만 같았다. 그러다 내가 결국 품고 가야 할 메시지를 끝에서야 알게 되었다. 스테이. 머물러. 절대 회사를 떠나면 안 돼. 네가 아직 몰라서 그래. 네가 돌아갈 한국 사회는 애 낳고 돌아온 여성의 가치가 이전에 비해 상상할 수도 없는 비율로 쪼그라드는 곳이야.

사실 예전에 중국에서 살 때 집 책장에서 책이 저절로 떨어진 적이 몇 번 있었다. 돌이켜 보면 그것이 혹시 지금의 내가 마음의 벽을 강력하게 두드려서 그렇게 된 것이 아닐까, 라는 생각도 해 봤다. 아차, 그런데 내가 모스부호를 모르는구나. 지금이라도 배워야 하나. 돗 독스 돗 도스도스 돗돗.

· 외전 ·

마추픽추로 창을 내겠소

"가서 뭐하냐?"

"뭐 별다른 거 있겠어. 정신이 없어서 뭘 찾아보지도 못했다."

"에이 몰라. 가면 무슨 수가 나겠지. 먹을 거나 줘봐."

부산행 KTX에 30대 후반 여성 네 명이 모여 앉았다. 그들은 어떠한 계획도 없었다. 그저 알고 있는 것은 단 하나. 자신들이 부산으로 향하고 있다는 것이었다. 올라탄 것은 KTX였으나, 그들의 마음만은 완행열차였다. 조급해하거나 불안해하는 이는 없었다. 그저 자신들이 사 온 빵 따위를 뜯어먹으며 시시콜콜한 이야기를 나눴다. 그렇게 무언가를 먹으면서 도착해서 또 무얼 먹을 것인가를 열심히 의논하기 시작했다. 먹으면서 먹을 것을 고민하는 이들이 모두 다 그렇듯, 네 명의 표정은 해맑았다. 다르게 생겼지만, 표정만큼은 닮아 있었다. 오래된 친구라는 소리다.

나이 마흔을 앞두고 나는 대학 친구들 세 명과 함께 부산으로 여행을 떠났다. 아이도 없이, 남편도 없이. 얼마만의 여행인지 몰랐다. 우리는 이전에도 몇 번 여행을 가자고 이야기했으나 누가 사정이 생겨서 못 오고, 누가 애를 맡길 데가 없어 못 오고 이러다가 이야기를 접은 적이 수천 번이었다.

메신저를 통해 얼결에 날을 잡고, 얼결에 장소를 정했다. 우리가 수천 번 여행 이야기를 접는 동안 아이들도 얼추 컸다. 스스로 밥도 퍼먹고, 기저귀 없이 본인의 분비물을 스스로 처리하는 나이들이 되었다.

'우리에게도 이런 날이 오는구나!' 날짜를 정해놓고 나니 새삼 감격스러웠다. 물론 여행으로 가는 곳은 우리가 10년 전에 꿈꾸던 곳과는 완전히 다른 곳이었지만 말이다.

30대로 막 접어들었던 시절, 우리들의 꿈은 마추픽추였다. 한참 주식과 펀드 열풍이 불 무렵, 돈을 차곡차곡 모아 불혹이라는 나이가 되면 남미로 여행을 떠나자고 스스로 생각해도 다소 허황된 꿈을 꾸었다. 그냥 펀드 통장을 개설만 했음에도 남미란 이름 자체가 주는 떨림이 너무 좋았다. 마음속에서 나는 이미 아바나에서 배를 타고 떠났으며, 유우니 사막을 거닐었고, 마야문명과 조우했다. 스스로가 생각해도 독특하고, 자유롭고, 국제적이며, 게다가 지적인 분위기까지 풍기는 멋지고 기특한 꿈이었다.

우리는 각자 돈을 조금씩 부었다. 돈은 신흥국 펀드, 남미 국가도 하나 껴 있는 곳으로 흘러 들어갔다. 그러나 1년도 채 못 되어 펀드는 세계를 휩쓴 금융위기로 고꾸라졌다. 금융상식은 접시 물보다 얕았던 우리에게 장기투자는 중고ㅇㅇ 무안전 거래만큼이나 위험한 것이었다. 당시에는 내가 그나마 그중에서 가장 잘 안다고 나섰지만, 새 가슴이었던 것은 마찬가지였다. 녹아내리던 세계 금융시장 속에서 펀드는 시원하게 마이너스를 기록했다. 그러고 여차여차해 펀드가 겨우 원금을 보존했을 때 우리는 주저 없이 펀드를 깼다. 그리고 환매한 돈은, 여행사로 가지 않았다. 그냥 언제나 팍팍했던 각자의 현실 속으로 다시 흘러 돌아갔다.

그리고 8년, 9년이 가고 우리는 각자 결혼을 했고, 아이를 키웠으며, 그리고 그 시간 동안 결론적으로 남미는커녕 남해 여행도 한 번 제대로 하지 못했다. 그렇게 어영부영 세월을 보내던 어느 날, 어쩌다 단체 메시지 방에서 그래도 이제 한 번은 여행을 가야 하지 않겠느냐는 이야기가 나왔고, 우리는 1박 2일이라는 현실 속에서 가장 멀리 갈 수 있는 곳, 바로 부산을 택했다. 그렇게 수없이 엎어졌던 여행 이야기가 그날은 왠지 새롭게 간 스케이트 날이 새로 단장한 빙판과 만난 날처럼 미끄럽게 흘러갔다. 그리고 그날 우리는 한 명도 넘어지지 않았다.

며칠 뒤 우리는 부산행 기차에 올랐다. 서울에 사는 두 명이 먼저 만났고, 대전에 사는 두 명이 나중에 합류했다. 기차에 오르자 가슴이 두근거렸다. 그런데 막상 모이고 보니 막막했다. 빡빡한 일상 속에서 간신히 비운 1박 2일. 그러나 그 시간 동안 무얼 할 것인지를 생각할 시간이 우리에겐 없었던 것이다. 게다가 네 명 모두 딱히 꼼꼼하고 세밀하게 여행 계획을 짜는 캐릭터가 아니었다.

부산역은 여행객들로 분주했다. 그 속에서 우리 네 명만 목적지가 없는 것 같았다. 약 5분 정도 의논했을까. 역 앞의 부산 시내 투어버스를 만났다. 한 명이 그걸 타자고 했다. 다른 한 명은 택시를 타자고 했다. 헐겁게 이뤄진 토론의 결론은 목적지를 주도적으로 고민할 필요가 없는 투어버스였다. 자동사보다는 피동사를 더욱 사랑하는 네 명은 그렇게 버스를 탔고, 그렇게 버스가 데려다주는 곳으로 몸을 실었다. 햇살은 좋았고, 부산의 바다는 내 기억보다 훨씬 푸르렀다. 우리는 빨리 걷지 않았고, 많이 걷지도 않았다. 말도 많지 않았고, 사진도 많이 찍지 않았다.

모든 여행이 그렇듯 크고 작은 돌발 상황이 발생하기도 했다. 딱히 매력적이지 않은 곳에 내리기도 했고(우리에게 매력적이지 않은 곳=많이 걸어야 하는 곳), 지나온 곳을 되돌아가야 하기도 했다. 길을 잃기도 했고, 택시도 버스도 다니지 않는 곳을 헤매기도 했다. 그러나 그런 일들에도 여행은 그저 따스한 봄날에 느긋하고 팔자 좋게 흘러가는 강물 같았다. 넓고도 깊숙하고 평화로운 기분만이 몸을 감싸고 있는 것 같았다.

솔직하게 말하면 우리가 투어버스를 탄 것 이외에 한 일이라고는 맛집을 찾아 먹는 것밖에 없었다. 점심도 많이 먹었고, 저녁은 두 번 먹었다. 광안리와 해운대 파도는 철썩거리면서 '너네는 정말 먹어도 너무 먹는다' 이렇게 말하는 것만 같았다(점심은 광안리, 저녁은 해운대의 파도들이 그렇게 과식의 길만을 가는 우리를 지켜보고 있었다).

다음 날 아침, 우리는 전날의 과식으로 부은 얼굴로 일어났다. 그러나 아침 역시 다시 꼼꼼하게 챙겨 먹었다. 그리고 마지막으로 해운대를 바라보며 커피를 마시고 각자의 일상을 향해 발길을 돌렸다. 짧은 여행이었다. 그러나 나는 아직도 가끔 휴대폰에 저장된 당시의 사진을 본다. 나를 비롯한 친구들의 과도하게 귀여운 포즈 탓에 다소 부담스러워 여러 번 보기 힘든 사진도 있지만, 그때의 사진은 볼 때마다 흐뭇하다.

어찌 보면 밍밍하고도 단출한 여행이었다. 그래서 사실 출발 전에는 이번 여행이 특별한 의미를 줄 것이라고는 기대하지 않았다(게다가 목적지는 남미가 아닌 남해안이 아니던가). 48시간도 채 안 되는 짧은 여행. 친구들과 감동적인 속내 이야기를 나눈 것도 아니었다. 그저 천천히 걷고, 많이 아주 많이 먹고, 같이 차를 마셨다(나이가 들으니 여행도 피곤하다고 푸념도 하면서). 그런데 의외였다. 그렇게 단순하고 아무 생각 없던 시간은 의외로 좋은 기운을 품고 있었다. 다시 일상으로 돌아온 뒤에도 그 시간 속에서 품었던 느긋한 기운들은 마치 방향제처럼 내 일상에 한동안 퍼졌다. 내가 아이의 엄마도, 누구의 아내도 아닌, 그저 나일 수 있었던 그 시간은 뿌듯함과 기분 좋은 냄새와 분위기를 안고 내 가슴 한편에 놓였다.

결혼 후 아이를 낳고 나의 일상은 언제나 아이들로 꽉 차 있었다. 그게 당연한 것이었고, 엄마의 삶이란 그런 것이라 배웠다.

일하는 나는, 되도록 아이들과의 시간을 늘리려 했다. 나만의 시간을 가지는 것이 죄스러운 것처럼 느껴졌다. 나의 존재가 아이들에게 좋다니까, 회사 이외의 남는 시간은 온전히 아이들에게 바쳐야겠다고 생각했다.

그러나 사실 따로 결심하지 않아도 나의 시간은 대부분 아이들의 차지였다. 아직 어린 아이들은 끊임없이 나의 손길과 관심과 시간을 필요로 했다. 숙제도 봐줘야 하고, 학교나 유치원 생활은 어떤지 끊임없이 신경을 써야 한다. 조금이라도 소홀하면 곧 표가 난다. 안 그래도 깜박하는 일이 많은 칠칠치 못한 엄마인 나는 더욱 표가 많이 난다. 챙겨야 할 가정통신문과 설문지 등의 작성을 미루다가 기한의 끝에서야 간당간당하게 낼 때도 부지기수다. 출근길 지하철역에서 혹은 버스 안에서, 아이의 준비물을 깜박 잊고 안 챙겼음을 깨닫고 혼자서 소심한 헤드뱅잉을 하는 경우도 여러 번 있었다. 나의 일과 아이들의 일로 굴러가는 하루하루 속에서 나에 대해 생각하는 시간은 거의 없었다.

이 쳇바퀴에 잠깐 브레이크를 걸고 떠난 친구들과의 해운대 여행. 그 시간은 나에게 하나의 창을 열어줬다. 집 안에 갇혀 온 문을 꽁꽁 닫고 지내면서, 왜 이렇게 답답하지? 질문만 던진 채 창문 하나 열 생각을 못했던 나에게, '나의 시간'이라는 창문을 열어준 것이다. 그 창을 통해서 들어온 바람은 일상을 '환기'시킨다. 공기가 바뀐 일상에서는 아이들과 함께 웃는 시간도, 함께 우는 시간도 더욱 선명해진다.

언젠가는 더욱 큰 창도 열어 남미도 가고 싶다. 그 시기가, 나의 회갑연이 될 것만 같은 슬픈 예감도 들지만 말이다. 뭐 어떤가, 나는 마추픽추에서 회갑연을 자축하며 부채춤이라도 추리라. 물론 그때 부채춤 역시, 군무가 될 확률이 높다. 부산의 바다를 배경으로 아주 많이 먹던 친구들, 푸른 바다 앞에서 크고 환하게 웃던 그 친구들과 함께 말이다.

에필로그

애나 키우라는 말이
사라지는 세상

깊은 밤. 편안하고도 진한 어둠이 내린 그런 밤. 평화롭고 곤하게 잠든 아이들의 얼굴을 볼 때면 나는 늘 생각한다. 어떻게 이렇게 작고 예쁜 아이들이 나의 아이들일 수 있을까. 아, 나는 전생에 작은 나라라도 하나 구했음이 틀림없다.

다음 날 아침. 대략 열 번의 '욱' 타이밍을 넘기고 정신없는 등교 전쟁을 치르고 회사로 향하는 길, 버스 안에서 나는 다시 생각한다. 아, 나는 전생에 꽤 큰 나라를 팔아먹었던 것이 틀림없다.

이렇게, 일하는 엄마로 산다는 것은 매일 내 안에서

벌어지는 전쟁과 마주하는 것이다. 내 속엔 내가 너무도 많아서, 무성한 가시나무 숲 정도가 아닌, 정글 속에 들어가 있을 때도 있다. 나는 나와 타협하고, 나는 나를 위로하고, 나는 나를 미워했다가, 또 나는 나를 자랑스러워한다. 그러다 어느 날 나는 나를 불쌍해한다.

어느 날의 나는 내가 봐도 좀 짱이다. 엄마 노릇도 잘하고, 회사 생활도 잘하는 사람이다. 그런데 어느 날은 돌아보기도 싫을 정도로 지질하고, 게으르며, 이것도 저것도 다 못 하는 사람이 된 것만 같다.

이렇게 정신없이 왔다 갔다 하는 와중에 나는 기록을 남긴다. 여기에 실린 글들 대부분은 아이들을 재우고, 밤에 다른 방으로 가서 쓴 글이다. 휴일 낮에도 쓰려고 시도한 적이 있었지만, 아이들이 글 쓰는 방으로 난입을 해서 중단된 게 태반이었다.

밤에 쓴 글 대부분이 그렇듯 다시 읽어보면 감정이 앞서고, 너무 사적인 감정을 쓴 것 같아 후회되기도 했다. 그중에서도 내 머릿속에 내내 머물렀던 질문은, 글 앞머리에도 썼지만, (위인도 유명인도 아닌 지극히 평범한) 나의 개인적인 일들과 경험들을 남기는 것이 과연 의미가 있나는 것이었다. 그러나 한편으로는 조선 시대 러브레터 한 장으로 당시의 생활상을 알 수 있는 것처럼 나의 한없이 사적인 육아 기록도 이 시대에 애 키우는 사람들의 생활을 알 수 있는 기록이 될 수도 있다는 (나름의 사명감 있는) 생각에 글을 이어갔다. 그래서 창피했던 기억도, 지질한 좌절도 모두 넣었다. 그저 솔직한 나의 기록이 우리 사회의 한 단편을 보여줄 수도 있지 않겠냐는 생각 때문이었다(물론 책이 출간된 뒤에 두고두고 이불킥을 할지도 모르겠다).

이제 엄마가 된 지 만 10년이 다 되어간다. 익숙해질 법하건만, 언제나 신비롭게도 힘이 달린다. 익숙해질 만하면 신세계다. 아이들은 계속 자라기 때문이다. 예측이 불가능한 엄마의 길을 걸으면서 내가 좀 성숙한 인간이 된 다음에 부모가 되었으면 얼마나 좋을까, 그런 생각도 여러 번 했다. 그러니까 인간의 인격적인 성숙 지수가 어느 정도에 이르러야만 난자가 나오거나, 정자가 나오게 호르몬을 조절하는 것이다(얼마나 힘들면 이렇게 부질없는 생각까지 하겠나).

그러나 그 10년이 되는 시간 동안, 한 가지 분명하게 배운 것이 있다. 바로 부모가 행복해야 아이가 행복하다는 명제다. 엄마도, 아빠도 사람인지라 자신이 너무 힘들어지면 아이들에게 줄 사랑이 줄어드는 것을 막을 수가 없다.

글을 쓰는 내내 10년이 다 되어가는 육아의 길을 돌아보면서 나는 이 명제를 새삼 확인했다. 그리고 또 내내 생각했다. 이 간단한 사실을 우리 사회가 주목하면 얼마나 좋을까. 자식은 낳으라고 하면서, 그 이후의 부모와 자식들에 대해서는 너무 간단히 생각하지 않아 버리는 우리 사회에 내내 답답함을 느꼈다.

사람이 무슨 공장에서 찍어내는 물건이던가? 그저 많아지면 좋은 것이던가. 아메바처럼 세포분열을 하면 끝나는 것이 사람은 아니지 않은가 말이다. 앞서 이야기한 '공감' 말고 내가 때로는 구구절절이, 때로는 구질구질하게 나의 이야기를 풀어놓은 또 하나의 이유는 바로, 아이를 잘 키우는 일에 대한 사회적 관심이 좀 늘어났으면 하는 것이다. 사람 기르는 일을 업신여기는 '애나 키우라'는 말, 그 말이 앞으로는 사라졌으면 하는 것이다.